如何办好一场美食节

姜培若 著

廣東旅游出版社
GUANGDONG TRAVEL & TOURISM PRESS
悦读书·悦旅行·悦享人生
中国·广州

图书在版编目（CIP）数据

如何办好一场美食节 / 姜培若著. — 广州 : 广东旅游出版社，2016.12

ISBN 978-7-5570-0437-8

Ⅰ. ①如… Ⅱ. ①姜… Ⅲ. ①饮食业－商业经营 Ⅳ. ①F719.3

中国版本图书馆CIP数据核字（2016）第184770号

出 版 人：刘志松
责任编辑：高 玲 周文娟
内文设计：张红霞
封面设计：回归线视觉传达
责任技编：刘振华
责任校对：李瑞苑

Ruhe Banhao Yichang Meishijie

广东旅游出版社出版发行
（广州市越秀区环市东路338号银政大厦西楼12楼 邮编：510060）
邮购电话：020-87348243
广东旅游出版社图书网
www.tourpress.cn
深圳市希望印务有限公司印刷
（深圳市坂田吉华路505号大丹工业园A栋二楼）
720毫米×990毫米 16开 15.25印张 113千字
2016年12月第1版第1次印刷
定价：30.00元

前　言

美食节是近几年来酒店业比较流行的一种餐饮推广形式，它主要是以酒店餐饮为基础，在较短的时间内向消费者推荐某一地方特色食品的一种推广活动，通过这种美食推广活动，调节酒店的餐饮氛围，树立和展示酒店的餐饮形象并从中获得良好的经营效益。

酒店美食节有多种举办方式，本书所介绍的是一种与美食发源地餐饮企业合作的方式所举办的美食节，书中详细地阐述了美食节的举办条件、操作方法和运作过程。分别从美食节的创意、市场分析、筹备、出品和定价、推广以及核算等六个章节阐述了美食节运作的主要内容，力求突出“做什么，为什么，怎样做”等问题，语言简单明了，实用性强；为了帮助读者更加详细地了解各地美食特色，在本书最后还附录了中国各地特色美食介绍，作为美食节的选择参考。

本书是本人从事酒店工作以来在不同地区的酒店举办美食节的一个总结，其中也包括了本人在任职香港京华国际酒店总经理期间，在香港酒店举办美食节的一些做法。由于本书是在业余时间完成的，在写作过程中难免存在缺陷和不足，真诚地希望业界同仁及广大读者提出宝贵意见。

在本书的酝酿、准备和写作过程中，得到许多朋友和酒店业同仁的支持和帮助，尤其是得到广东省旅游出版社钟萍副社长的热情鼓励和大力支持，才使本人有勇气坚持完成，在此表示衷心的感谢。

在本书出版之际，还要特别感谢张卫红女士不辞劳苦地对书稿进行了多次的打印、修改和校对。

作　者
2009 年 9 月于上海

目　　录

第一章
美食节的创意

节日，通常都是值得纪念和庆典的日子；

而美食节对于消费者来说就是消费美食的日子；

对于经营者来说，就是进行美食促销的日子。

本章重点介绍酒店美食节的基本概念和特点；

酒店美食节的题材、种类和创意以及挖掘创意的主要方法。

第一节
什么是美食节

一、酒店美食节的概念

美食节，简单地说，就是以推广美味食品为主要内容而刻意创造的节日或利用旧的节日或有纪念意义的事件赋予美食节的含义而形成或创造的美食节日。酒店的美食节通常是指酒店在正常餐饮经营的基础上根据不同的目标和需要，利用酒店的餐饮设施和各种不同的经营形式所进行的一种美食推广活动，也可以说是一种特色食品的推广活动。它与酒店平时的经营方式有所不同，它是集中于某一时期或某一段时间内，推出的一项以特色食品为主题的经营活动。

节日，通常是指纪念的日子，也是传统的庆祝或祭祀的日子。既然是节日，就包含着庆典或喜庆的概念。古往今来，无论是东方人还是西方人，对节日都有着一种特殊的强烈的感情。俗话说：人逢喜事精神爽。过节也算是喜事，人的精神好，胃口就好，就有食欲。享用美食通常是人们庆贺节日的一种方式，美食节就是利用人们这种对节日的感情，借美食节的机会进行美食促销的。

当今社会，在美食中享受生活，已成为现代社会人们的一种生活时尚，这种现象在中国的春节和西方的圣诞节最为突出。春节是中国人的传统节日，节前的准备可提前到十天或一个月，节后还要延续到正月十五以后。春节是传统节日中消费最为强劲的一个时期，无论大人还是小孩都不惜一年的积蓄尽情消费。西方的圣诞节也是如此，每当节日来临，人们大量采购各种食品，利用各种方式大吃大喝，往往这个时候就是酒店大赚特赚的时候。每年的圣诞节，各家酒店都会举办圣诞大餐，价格高过平日的几倍，但仍然家家客满。原本圣诞节是西方的节日，但是对中国人来说，也同样具有很大的吸引力，而往往节日前后都同样是餐饮销售的旺季。人们留恋节日，希望每一天都是过年过节。这样就派生出各种各样名目繁多的节日。选用某个适当的日子，把它作为假想的节日品尝佳肴，美食节就是这样的一种促销形式。

酒店是各种客人南来北往的中转站，更是举办美食节的最好地点。我曾经任职过的香港京华国际酒店是在香港饮食行业颇有名气的酒店，其最大的饮食特色就是每年都举办4～6次不同风格和类型的美食节并深受消费者的欢迎，而这些美食节的效益在酒店餐饮收入中占据相当比重，同时美食节也给酒店的综合收入带来许多机遇。

二、酒店美食节的主要特点

目前，很多高档的酒店都是建在中心城市中，来自世界各个国家和民族的人都有，来自各个国家和民族的饮食比比皆是，要在这样的背景和条件下举办美食节，把握其特点是非常重要的。我们知道许多经常外出的商务人士对饮食是比较挑剔的，因为美食是他们旅行生活的一部分，很多本地家庭也经常外出用餐，而且很多人专门品尝有特色的美食，所以把握住美食节的特点是举办美食节重要的一环。那么一个成功的美食节应该包括哪些特点呢?

1. 目的性特点

美食节虽然是一项美食推广活动，但是却有着很强的目的性和针对性，因为美食节不同于一般传统的节日。一个国家、一个地区或一个城市都有一致认同的、法定的或民间传统的节日，而酒店的美食节则是酒店自行创造或确定出来的节日，创造一个节日是需要许多财力、物力、精力和时间成本的，它同正常的经营活动一样有很强的投入产出性质，如果不能产生明显的经济效果，就会形成盲目的投入。从企业经营的立场，把美食节作为一项长期的推广活动，绝对不应哗众取宠，仅仅满足于一时的轰动效应，而应该实实在在地经营运作，一定要有明确的举办目标和效益回报。如果美食节只求轰动一时，则不会长久，或者轰动一次也不会引起广泛关注和长期效应。当然美食节的回报不一定非要以现金的形式出现不可，有的美食节纯粹是推广性质的，它投入的是资金，回报的是一种影响，是一个形象的宣传或是使人们对酒店某种产品的一种认知或共鸣。例如，形象或品牌推广等，任何形象宣传或品牌宣传都可以用广告的形式来实现。美食节也可以被广告借用，来体现某一文化或者产品，但是它最终一定都要以价值来衡量和体现。因此，任何美食节的举办都应该有很强的目的性，绝大部分的美食节都是直接或间接以经济效益为主要目的。近些年来，内地很多的酒店美食节都是以社会效益为主的，在经营收益中属薄利或者微利，甚至无利。而在香港、澳门及国外酒店美食节几乎都是以创造经济效益为主导的，在经营收益中都是有利可图的。

2. 时间性特点

美食节，顾名思义，既是节日就有一个时间概念。传统的节日一般多则 3 ~5 天，少则 1 ~2 天。在中国除春节之外大多数的节日及其前后的关联时间不超过一周。1999 年以来中国政府利用春节、“五一”、

"十一"等几个重要的节日及其节日前后的周末串联，形成长假期，有效地刺激了市民的消费，形成了假日经济的现象。假日经济为美食节的经营提供了重要的启示，使节日（假日）经营活动更紧密地联系到一起。许多企业将着眼点放到了节日中，人为地创造出许多名目繁多的节日来，用来刺激经济活动。在香港，举办美食节对时间的考虑，最主要是从收益出发。香港在评估美食节的时间时，要考虑到市场的大小，如果其美食的覆盖市场并不大，可能举办时间的长度就会短一些；如果市场面很大，就会把时间相对放长一些。但无论市场有多大，都会有一个限度，再短的美食节也应收到预期的效益，如果收不回应有的效益，这种美食节就有可能不会举办。当然除了考虑市场的因素之外，也会考虑一些其他的因素。一般美食节的时间至少为期20天或一个月（美食月），最长的也有两个月，再长就不成为节日了，而且亦反映不出"节日"的效果了。如果确实要想将美食节延长也可以将美食节分段举行，或者在举办的过程中不断地增加新的内容。美食节时间长短的确定，首先要取决于美食节的类型，即效益型还是推广型。

效益型：即是以美食节本身的效益为主，当达到了预定的效益目标，且市场开始呈下跌趋势时，即可结束。一般情况下，效益型的美食节举办的时间会比其他形式的美食节在时间周期上长一些，因为举办一个美食节会出现较平时多的额外成本和费用，只有把这些成本和费用消化后，才会出现利润；要收回成本再创造利润，就要有一定的数量积累，就必须要经过一定的时间。

推广型：就是由其投入的成本可支持到多长时间，以及其目标的期望值的大小来确定美食节时间的长短。因为推广型的成本不仅仅是计算投入的费用，而且还要包括其附加的许多其他成本，例如：消费者的折扣、抽奖、赠送等以及活动中的演出、竞赛、庆典等等。推广型的美食节有单一型或混合型，有的是为着某一项美食、某一种出品，也有的是为某一个餐厅或服务项目，还有以多种效果合为一体的推广形式。一般情况下，单一产品推广的美食节的时间安排会相对短一些，而混合型的多种产品推广的美食节的时间安排相对会长一些。推广型的美食节一旦推广的效果和目的达到，就需要结束，否则，时间越长，不必要的费用就越高。

3. 季节性特点

季节性特点有两个含义。一是酒店的市场季节，例如：酒店市场的淡季、平季或旺季。内地的许多酒店举办美食节时，大多数都是选择在旅游旺季，这样可以扩大宣传，增加酒店餐饮的知名度。但是香港与内地却是相反的，香港举办美食节的中心目的是为促销，大多数的时间是安排在酒店的淡季和平季，通过美食推广使淡季不淡，平季不平，这样才能达到保证收益的目的。

季节性的另外一个含义就是气候的季节性和美食的季节性。在我国几乎每个月都有不同的节日，但有的节日比较适宜推广活动，有的节日不适宜推广活动。例如，每年 4 月，属于清明节气，雨水较多，且祭奠亡灵的主题比较突出，就不适宜做美食节推广活动。此外，在比较炎热的季节也不宜推广热性食品，而在相对湿冷的季节不宜推广凉性的食品，这不仅是人们的胃口食欲不佳，对身体也没有益处。当然，不适宜办美食节，并不等于不可以举办，只是在此季节，人们的心情比较沉重，加之气候雨水较多，比较潮湿，人们的胃口不好，对美食节的兴趣不是很大，举办美食节效果不一定很好。比如每年 3 月或 5 月，我国大部分地区属于春季，春暖花开，万象更新，处处生机勃勃，新的菜品原料鲜嫩应市，此时人们的心情比较轻松愉快，在这种季节举办美食节恰似锦上添花，就会收到很好的效果。每年的 9 ~

10 月份，是我国收获的季节，也是一年之中最精彩的季节，这个季节的各种蔬菜成熟，家畜肥壮，食品的品种繁多。这种季节人们的心情也特别好，人们的脸上都挂着笑容，怀着丰收的喜悦，此时举办美食节，给人们享受丰收成果的感觉，而且也有很强的象征意义。

4. 多样性特点

美食节本身就是一个灵活的推广活动，节日本身就是欢快、高兴的事，美食节又是人为创造出来的节日，本身不受什么传统观念和思想的约束，应以人们喜闻乐见的形式来表现。此外只要在法律允许的范围内，能够被市场所接受，达到举办人的预期目的，就可以充分发挥想象的翅膀，展翅高飞。无论从种类上、方法上、品种上、时间上、地点上、环境上等等，多方位想象，突出个性，别具一格，达到最佳的效果。

美食节的多样性特点不仅仅表现为美食节品种的多样性，还表现于题材的多样性、推广方式的多样性、场所装饰的多样性、器皿和餐具的多样性，以及服务方式的多样性等等。

5. 针对性特点

美食节是一项针对性很强的活动，一般情况下，举办者都会根据举办的目的，选定一个或两个主要市场目标进行推广。同一个美食节的目标市场的选择不能够太多，目标太多就等于失去了目标，或者说没有了目标。不同的市场有不同的标准和不同的特点，但是可以针对不同的目标市场举办不同内容的美食节，例如商务客人市场，当本地区即将或正在举行较大型的商务会展期间，可以推出供商务客人享用、具有商务特色或标准的商务性的美食节。在旅游季节则可以举办具有旅游特色的旅行者乐于选择的美食节。此外，针对长住客人，也可以举办适合长住客人选择的美食节。暑期可以选择儿童或学生为目标市场，举办适合青少年的饮食的美食节。外国节日集中的季节可以举办外国美食节，或者在本地区拟举行某种大型活动前后，举办与此活动有关的美食节；对于外国元首即将到访时，也可以举办来访国家的美食节，配合该国文化宣传，同时获取良好经济效益。

6. 特色性特点

美食节的特色性特点最主要的是文化性的特点，美食节的目的是要吸引顾客通过品尝和消费美食佳肴来达到举办者的目的。要想吸引顾客，则必须具有很强的特色，没有特色，千篇一律，就没有卖点。所谓食品的特色就是某一类食品的个性化特征。食品的特色是多方面的，有味道的特色，如甜、酸、苦、辣、咸等；有烹调的特色，如炒、蒸、炖、炸、煎、焖等；有造型特色，如围边、雕刻、装饰、搭配、装碟等；有器皿的特色，如碟、碗、盘、盆、勺等；有菜系的特色，如八大菜系、地方菜系、民族菜系等；有地方的特色，如祖国东、南、西、北、中各地、各区域文化特色；有原料特色，也有风俗习惯风土人情，以及健康营养的特色等等。

总之，特色就是与众不同，有特色就是美味佳肴，没有特色就只能是家常便饭，特色就是消费的吸引力。俗话说，物以稀为贵，客人就是向往和追求稀有、精贵、与众不同的食品，当然菜肴的吸引力有多方面的原因，有菜肴本身的魅力，也有广告的效应。

7. 计划性特点

美食节具有很强的计划性。要将美食节举办成功，必须要做充分的准备，要经过周密的计划。通常一个美食节从策划到完成，大概需要半年时间，我们一般都是要在每年的 10 月或 11 月份期间开始准备第二年3月以后的美食节，每个美食节之间的间隔时间一般在一个月以上，如果以美食节的延续时间为一个月的话，那就是隔一个月后再进行另一个不同的美食节。

美食节的筹划是在不影响正常经营的情况下进行的，因为美食节是一个多方面共同努力配合才能够完成的一项复杂的工作，许多环节都需要时间去完成。一年当中举办美食节的最好季节为每年的3~11月之间，因为每年1~2月份有春节，而12月份接近年末，人们都在筹划新年的美食（包括新历和旧历新年），西方国家筹划圣诞节。

一年当中的多个美食节计划可以连续地进行，同时进行准备。美食节的计划可分两部分进行，一部分是项目的计划，包括年度计划、月度计划（见附表1）；另一部分是运作进度计划，即美食节从策划到举办，每一个环节的时间表。

美食节年度计划表

（表1）

内容/时间/项目	10月（头年）	11月（头年）	12月（头年）	1月（次年）	2月（次年）	3月（次年）	4月（次年）	5月（次年）	6月（次年）	7月（次年）	8月（次年）	9月（次年）
××美食节	制订计划	选定题材	市场调查	确定合作方并商定食谱	确定菜单	各项准备	开幕	结束				
××美食节		制订计划	选定题材	市场调查	确定合作方并商定食谱	确定菜单	各项准备	开幕	结束			
××美食节			制订计划	选定题材	市场调查	确定合作方并商定食谱	确定菜单	各项准备	开幕	结束		
××美食节				制订计划	选定题材	市场调查	确定合作方并商定食谱	确定菜单	各项准备	开幕	结束	
××美食节					制订计划	选定题材	市场调查	确定合作方并商定食谱	确定菜单	各项准备	开幕	结束

第二节 酒店美食节的题材和种类

一、酒店美食节题材的重要性

一个城市有很多酒店，大家同时都在进行各种美食推广，所不同的是，大家都会以不同题材来推广不同的美食，你的美食有没有竞争力，很大程度上取决于你选择的题材。举办美食节要求实实在在，不能哗众取宠，因为酒店的经营是一个长期的任务，不能急功近利，不能对顾客有任何欺瞒。但是每个美食节也不可以没有新的创意，因此，对美食节题材的把握就具有十分重要的意义。谁的题材新，有创意，贴近市场，谁的美食节就会有吸引力，就会取得成功。美食节实际上是一个食品推广的代名词，其可选定的美食种类多种多样，题材千奇百怪，并无固定的模式，只要市场接受，能够达到预期的效果，任何形式都可以尝试。

二、酒店美食节种类的选择

1. 突出主要题材

美食节的种类名目繁多，令人眼花缭乱。但是并不是每一个种类都可以被采用的，在选择美食节种类时，首先要看被选的种类是否可以突出主要题材，主要题材的确定有着特定的意义，如果选择的种类不能反映主题的话，就达不到既定的美食节目标，很难获得预期的效果。有时在选择种类之后再去改变主题，使主题将就种类，这种情况反映出两种现象：一是原定的主题本身就不是理想中的主题，说明主题的选择并不成功；二是主题和种类互相迁就，两者都是牵强附会。这说明两方面的选择都不成功。

成功的美食节一定是种类服从主题，突出主题，卖点在主题和种类方面都具有很强的优势条件。

2. 突出原材料购置优势

美食节是用特色的材料，制出有特色的菜肴，而这种特色的材料应是本地所没有的，那种一心想完全用当地的原材料来烹制出外地特色的想法，一般是无法实现的，最起码也不能全部实现。因此，做好美食节首要条件就是产地原材料一定要能够保证供应，而且质高，价好，如果不能保证供应，就会形成巧妇难为无米之炊；如果质量得不到保证，或者替代品太多，生产出来的菜肴就不是正宗的美食，就失去了美食节的真正意义；如果原材料的供货价格太高，必定造成成本加大，其结果，要么菜价高，加重消费者的负担，从而减少消费数量，要么减少应有利润。二者都可能造成餐饮亏损或无人响应的局面，都不能达到举办美食节的目的。

举办美食节所选择的美食种类，一定要在材料供应上具有很强的优势，这种优势表现在：

（1）当地市场有充足的货源（外地产），并且可以保证质量。

（2）当地市场可供应部分原材料，主要原材料可以从合作方的所在地区供应，且运输方便。

（3）无论原材料用何种方法从外地运输，其价格必须在预算的数额之内。

3. 突出资源优势

许多美食节的种类都很创新，对消费者具有很强的吸引力，但是这些创新需要很多专业和技术的资源结合在一起，这些资源的范围很广，包括很多领域。有些资源是酒店自有的，有些是需要外协支持。要得到外协支持也需要人际资源的支持，首先要能够请到专门的技术人员或者很有影响力的合作伙伴以及合作者品牌的资源，如果没有一定的品牌技术资源的优势，美食节也是很难成功的。例如：外国美食节、少数民族美食节或娱乐性节目配合协助的美食节等等。

4. 突出餐饮出品优势

酒店要举办美食节，必须自身具备一定的美食出品的基本优势。其中有两个含义，一是酒店本身具备一种或一种以上的具有竞争力的饮食出品或可选择的辅助品种。因为许多消费者在美食节的消费不可能完全选择单一的美食节食品，许多消费者会选择数款美食节食品，同时也选择数款酒店原有的品种，这样，与美食节的品种形成了互补的优势。第二种含义是，如果酒店本身具备一定的基本出品优势，则酒店必然有一定的饮食技术力量。这是举办美食节的必要条件。例如在香港酒店美食节的举办时间起码都要在一个月或以上，而合作方的厨师驻场时间一般都在一至两周内，要使美食节得以延续，并达到预期的目标，在驻场厨师主持美食节出品期间，本酒店的厨师必须学到所有的美食出品技术，如果本酒店厨师没有一定的技术基础是很难做到的。

第三节
美食节的创意

一、创意是什么

现代社会很讲究创意，举办美食节也是如此。创意是什么？简单地说，创意就是创造新意。就拿美食来说，这世界上所有的人每日三餐都在吃饭，有那么多食品，有那么多菜肴，到处都有酒店，处处都是餐厅，为何偏要去你那里吃饭呢？除非你与众不同，而创意恰恰就是创造与众不同。怎样创造与众不同呢？

1. 发现新的，改良和重组旧的

地球本身就是一个变化着的星体，世间的事情时时刻刻都在变化着。虽然说万变不离其宗，终究不会千篇一律，创意就是发现和创造新的与众不同，能够迎合或满足客人需要的新品种、新味道、新款式、新要求、新感觉。大家在同一个社会、同一个城市或区域，对许多变化司空见惯，都不以为然，这时我们就要以自己专业的敏锐的眼光去发现、去联想，把它和美食中新的味道、新的文化联系起来，结合起来，或许可以创造出一种新的意境，发现或组合出新的美食题材。

在我们日常的生活中，我们周围的事物无所不有、千奇百怪，如果将现有的事物作一种几何形的改变，就能创造出成倍的不同于前者的事物，如果再作多种改变或组合就会创造出另外一个无所不有、千奇百怪的世界。应该认识到，我们就是生活在一个不断组合的世界里，不同的组合、不同的搭配形成一些更新的东西，不断地改变着人们的习惯、方式和新的需求。通常我们把用过的东西花样翻新，就变成了另一种玩意，这翻新的过程就是创意。

2. 实现新概念

概念是一个很抽象的名词，说它抽象是指它在产生初期很难具体化，是一个很模糊的想法或意念，也是一个具体意念形成之前的最初阶段。很多人都不敢去深入，不敢去创造，这就扼杀了很多新的创意。美食节的新概念，是指它打破原有的模式或人们脑海中原有的印象，用一种更新潮更深刻的理解和认识展示出的新的形式。但是，新概念虽然是一种创新却不是无中生有地异想天开，而是借鉴许许多多其他行业、学科甚至领域的现象、规律、规划和思想方法变通而来。许多情况下，别人是不敢想，不愿想，甚至认为是很可笑的想法，如果坚持去使新的概念得以形成和实现，或许就是一个好的题材或创意。在饮食业这类的例子比比皆是，例如，目前流行的美食歌舞、私房菜、环保美食创意、森林天然美食、敦煌食谱、药膳等等，都是实现概念的结果。

3. 有组织、有计划地做白日梦

白日做梦是指完全实现不了的梦想。梦，本身是无法实现的代名词，夜间做梦虽然实现不了，属正常现象，但是白日做梦除了不可实现的意思之外，还有不正常的含义。可是许多创意却往往是从白日梦中来的。有一位名人曾经说过：“人不仅要生活在现实中，还要生活在梦想中。”没有梦想，就没有追求，就没有新的发现，就没有创新，就没有进步。因此要创意，就要从梦想开始，白日梦也许是梦想的最高境界，或许白日梦成真的可能微乎其微，但它一旦成真，就是巨大的成就。因此，作为一个创新的团队应该时常有组织地有计划地组织员工做做白日梦，从中获取一定的创新题材或发现新思路、新观念、新方法、新时尚。

4. 将想象付诸实践

想象是创意的第一步，只有将想象付诸实践，在实施或实验中去粗取精，去伪存真，不断组合，才能提炼出精华，才能检验想象的可能性。如果想象不付诸实践，永远是空想。实践的过程就是检验的过程，也就是创意走向成功的过程，实践或许会失败，但没有失败就没有成功，必须取掉“怕”字，敢想敢干，从实践中总结出成功的秘方。

5. 敢于打破常规

规限是创意的绊脚石。许多创意不能实现或许多创新不能成功，根本的问题就是受到这样或那样的限制。规限有时是传统观念，有时是习惯势力，有时是条条框框，有时是闲言碎语，它阻碍了思路的延续和深入，限制了创意的发展，使欲想的不敢想，欲干的不敢干，欲试的不能试，这样怎能发挥出创意来呢？要想张开想象的翅膀，就必须甩开束缚，打破框框，大胆想，大胆试，大胆干，从好中求好，从精中求精，从优中求新，挖出新的组合，试出新的特点，发现新的、更好、更优的创意。

6. 快速消化失败的经验

创意是一个不断尝试、不断改进、不断提高、不断深入的过程，这个过程短则数分钟、数小时，长则几天、几个月甚至几年。古人云：“失败为成功之母。”创意就是从不断失败中获取经验教训，走向成功的。成功的创意，必须是不断地消化和改进失败中所探索的新理念、新思路、新方法、新组合，直到其中的一个能够为你带来意想不到的效果。立志创意，就不要惧怕失败，要和失败比速度、比耐力、比意志，不达目的决不罢休。

7. 倡导横向或反向思维方式

根据人们的思维习惯，多向思维比较顺畅、比较习惯，按照习惯的思路想下去，但是创意在大多数时间就是要打破这种传统的、习惯的思维导向，进行横向或者反向的思维方式，去想象和创造。有许多好的创意，都是由那些意想不到的思维方法创造出来的，对于美食节的创意也是如此。

另外，当我们在看周围的各种变化的时候，可以设法站到与众不同的角度或者位置，去观察，去体验，去理解，或许又能发现许多与众不同的现象和想法，把这些现象和想法与人们的饮食联系起来，又能创造出许多更新的，更适合客人需求的美食题材来。

二、怎样挖掘和形成美食节的创意

1. 推广的需要

美食节的创意并非空穴来风、随心所欲，不是一觉醒来想做个美食节消遣一下就可以想出来的。现实酒店的任何经营活动都是与经济效益有直接的联系，我们在前面说过，美食节有着极强的目的性，美食节的最大目的是经营和推广，当然推广的内容是多种多样。俗话说“民以食为天”，每个人都要吃饭，在推广美食之后还可将“满意”延伸到其他方面。根据人们的饮食特性与习惯，任何人都有好奇心，都有不喜重复的习性，包括饮食的品种和口味，都有寻求新刺激的心理和需求；美食节正是因为这种心理需求应运而生的。正是由于这种需求，才形成了人们的创意。再则，现代社会的人们已经不再将饮食仅仅看作是“填肚子”这一生理上的物质需要，而是上升为一种精神的文化需求，将饮食的物质需要转变或增加为精神的需求，将饮食的方法也从“吃”上改进为闻、看、赏、感受等多种方法上来。近年来，政府及各不同行业组织举办多种多样的烹饪比赛，比赛和评判标准都已经远远地超出了“好吃”的范围，而在出品的色、香、味、形、营养、健康、环保等多个方面进行比较和评判，这些标准中大多都是靠看、闻、尝、感受等方式评判出来的，这就将人们的需求从单一的“吃”中解放出来，而这个“解放”也是创新的一种。

美食节的创意，包括了多方面的含义，创意渗透在饮食的各个环节中，只要有创意，就必然会受到顾客的欣赏和接受，有创意就会成功。衡量创意的价值，就在顾客接受的程度上，尤其是美食，一定要市场的大众化，要被大多数客人所接受。

美食节的创意本身也有市场细分的问题，你的美食节是针对哪一部分人的市场，而在那个市场中要被大多数的顾客所接受。当然作为美食，除美食本身的创意之外，还要有内外环境的创意、宣传推广的创意，还要有时机选择的创意、主题确定的创意、推广的策划、价格的拟定、环境的烘托等等多方面的创意。

美食节创意的形成，是在于对世间事物的详细观察和理解上，在大多数人不以为然的事物上寻找题材。许多题材是直接的，许多题材是间接的，有的题材是被引申而来的，有的也可能是在别人的题材上创新出来的，有的则是在许多不被人注意的事物上挖掘出来的。

联想是创意的代名词，作为餐饮行业的经营，不论是出品还是推广，一定要善于联想，把任何事情都与你的专业联想到一起，挖掘对你专业有帮助的东西形成你所需要的创意。

2. 扣紧目标，挖掘想象力

许多人为了成功举办一个美食节，苦思苦想，绞尽脑汁，不知该选择什么主题。其实，创意是一个较长时间的思考过程，在开动脑筋之前应该较深刻地理解美食主题，明确目的，然后根据目标去寻找与目标有关联的事物，从这些事物身上挖掘创意。美食节的创意不可以是漫无边际，不可胡思乱想，一定要以目标为主线，围绕主题搜索，去发现那些对你有用的东西，去搜集那些对你的美食节推广有帮助的东西。

美食节创意的形成，是一个较长时间形成的过程，并不是一闪念，有时在题材的收集时会有思想的火花，但是这个火花需要借助干柴形成烈火。所谓的干柴就如你举办美食节的各种必要条件。

为了使美食节的形成具有计划性，经常举办美食节的酒店，一般都会有一个设立美食节推广的主题框架。其形成的步骤如下：

根据经营需要制定目标

↓

寻找与目标有关的事物

↓

从关联的事物中挖掘创意

↓

研究创意的可行性

↓

决策

↓

实施（形成方案）

研究每个项目和条件时应与自身的条件和状况进行多番比较，多快好省地进行筛选，差距大的取消，差距小的保留。然后再与其他差距小的进行比较，差距大的再取消，差距小的再留下，再比较……这样层层比较，优胜劣汰，最后必然会得到条件最好、效益最大、费用最省、时间最佳的项目。

3. 注意世界上与饮食有关的事物

美食节的创意是和个人的知识积累有直接的关系，一个对任何事情都漠不关心的人是很难挖掘出一个好的美食节的创意的。我们说过，世界上的很多事情都与饮食有直接和间接的关系，或与饮食的人有着直接的或间接的关系，所以从事饮食业的人应该具备一定的专业知识，有一定的专业眼光，善于联想，从眼前发生的事件中联想到你专业上的需求。因此，做餐饮策划和销售的人应该对社会上与饮食相关的事情发生兴趣，对于本人碰到过的或对当前世界发生的大事，都要投入关心和留意，有些事件当时不会引起联想和创意，但是如果你对此有印象，积累在脑海中，一旦有用时，即刻就可以派上用场。

4. 了解国内外的风土人情

一般情况下，美食家与旅行家都有着一定的渊源。古语说行万里路，读万卷书，其实还应加上吃“百家饭”。这“百家饭”当中就会有很多是你将来的或现在的美食节的题材。当然随着科技的进步，旅游并不一定要完全靠“行路”，也不一定要出门，了解百家饭也并不是难事，无论是从书本上还是从电视、电影、广播或互联网上都可以看到听到各地的美食，了解到与这些美食有关的风土人情。

餐饮策划人员或推广人员，应随时随地注意收集世界各地的有关饮食方面的风土人情和风俗习惯，这些或许都是日后从事餐饮管理、策划设计不可缺少的资料或素材。当然世界之大，风土人情、风俗习惯之多，并不是一下子都能全部记到或看到的，但是你也要对这些资料尽量掌握和应用。

5. 收集各地的特色食品

世界上的食品多种多样，千奇百怪，既然你是一个餐饮从业人员，你就应该对各种各样的食品产生极大的兴趣，包括不同地区和民族的食品，甚至不同原料的食品，这些食品的成分、营养、味道和制作方式等等。

要想在餐饮方面有成就，你就必须注意收集各地特色的美食资料，有的资料或许当时并不一定有什么价值，有些资料或许一生都不会用到，但是这无关紧要，有的资料一旦你想用时就会手到擒来，就像是一个城市的图书馆，你不可以保证所有的书都被人借阅，但起码当读者借阅时你有书在手。当然，作为资料的收集过程并不是像阅读资料或学校读书那样系统或全面，实际收集过程大部分都是十分零乱或支离破碎的，这就需要你经常对你收集到的资料进行回顾、整理或编撰。对于食品特色的了解和掌握，都要尽可能地多和全，例如食品的材料、制法、味道、形状等等。

6. 不断加强自身的文化修养

美食节并不是简单的美食品尝和美食消费。它除了饱腹之外，在其加工和服务的过程中形成具有各种特色的饮食文化。饮食的制造过程包含着深刻的文化内涵，美食节最基本的推广功能是饮食文化推广，通过这种推广，人们从中领悟到的不仅仅是食品，还有饮食形成的文化特色。或许在较普遍和低档次的社会餐厅里对大多数的用餐者来说，并没有那么多时间或情趣去领会食品中的含义，他们的目的主要是充饥，但是对大多数的酒店餐厅和前来用餐的客人来说，用餐是一种综合的享受，除了享受美食之外，还要享受环境、享受卫生、享受文化。人们常说，古老的东西都有其特有的文化在其中，如果没有文化，就不可能继承和发展下来，而继承和发展本身就是文化。从这个意义上说，远古人类的饮食到今天现代人的饮食发展不可以说不是源远流长。美食节的策划和举办者就要有一定的文化修养。当然，这种文化的修养并不是与生俱来的，而是经过不断地学习、实践、体会、总结，再学习、再实践，这样反反复复日积月累逐渐形成的。

文化修养并没有一个量化的标准，它的标准完全是在客人的心目中，那就是你的创意，有创意，创意好，客人就喜欢，就会多次光顾。

7. 提高自身的审美能力

饮食文化并不是仅仅表现在某一个食品上或某一个制作过程中的，也不仅仅表现在食品本身的某一味道上。当然，味道是一个不可缺少的因素，而且美食文化的内容渗透于饮食的方方面面，作为一个餐饮的经营者和管理者，要从美食造型的设计、装盘的形状、器皿的选择、食品菜肴的色泽、菜肴出品的装饰、餐桌的摆布、餐厅的布置、餐厅内节日气氛的烘托、就餐时节日氛围的形成、服务人员的服饰和语言等等都能显出饮食文化的内涵来。由于人们的欣赏水平不同，所理解和感受到的文化内涵的程度也不同，人们对饮食文化的欣赏能力，以及酒店管理人员对饮食文化的理解能力，大多取决于对饮食的认识，这种认识从何而来，要靠平时的日积月累，要靠日常的观察、感受和理解。餐饮策划人员不能每日仅仅围绕在餐厅中，两耳不闻店外事，应该利用多种机会接触各种信息，观摩参与各种美食活动，包括听听讲座，参观一些艺术展览，加上自己平时的留意、想象、比较、总结而得出的经验，经过天长日久的积累，逐渐修炼出文化修养，及对美的认识和审美的能力。当然，美的东西说来也比较抽象，没有一定的尺度标准，也无法评定有什么样的水平才能达到何种能力，美是一个抽象的概念，只是靠人们去感觉，去比较。美是相对的，审美的水平就是你拿什么来比较，比较的程度如何，与专业的差异有多大。审美能力的提升是在潜移默化中增强的，积累越多，创意就会越多，创意越多，可选择的就越多。可利用的就多，就说明水平的提高；创意越美，做出来的效果就会越好。

8. 善于了解周围客人的生活习惯和饮食特点

任何经营出色的一个酒店或一个餐厅，必然会有自己的顾客群。这些顾客第一次来到你的餐厅后，如果你的出品、你的服务或你的用餐环境、用餐卫生以及出品的价格能够达到他所期望的标准，他就会再来，而且还会介绍身旁的朋友一起来。他来的次数越多，你的客户就越多。客人的期望是不断提高的，口味也会不断地变化，当客人厌烦某种口味后，你就要想法给他更换其他口味，否则他就会到别的地方用餐。口味变换得越快越好，这就说明是成功的，达不到顾客要求就说明是失败的。所以对餐饮经营管理者或策划者来说，一定要设法多接近客人，多和客人交谈，多了解客人的生活习惯和饮食习惯与需求，从而找出顾客需求的实质，产生和提升新的创意。

三、美食节的创意过程

美食节的创意过程，实际上也是一个餐厅经营和管理的过程以及发挥员工和专业人员创意的激励过程，可以由酒店的上层指定美食节的主题和创意，也可以由专业人员研讨确定，还可以由各分管部门自行挖掘确定。例如，在酒店美食节推广计划中每年都会有一些推广项目，而这些推广项目都是由不同的部门负责各自的工作，包括其主题的创意，对于比较开放的决策者来说，可以把时间表交给不同的部门，要求他们在预定的时间内完成各自的创意。例如，餐饮出品部、服务部、宴会部、公关部等等。对于具有较高素质的推广部门，届时会拿出各自具体创意构思，交由酒店的综合部门或餐饮部门，再由综合部门汇总后，选择出较为可行的方案，提交推广会议讨论。美食节的创意过程并不是一成不变的，它会根据不同的时间和环境变化而被修改或调整。因此，创意的过程是一个对市场和客人需求认识的不断修正、深化、调整、完善的过程，有时一个被认为是很好的创意，一段时间或几个月之后就会被认为不合时宜，又要加入许多新的元素，或者被新的创意内容所替代。创意形成的过程是：

创意过程
↓
改变饮食需求
↓
美食节项目决策
↓
创意主题
↓
市场求证
↓
主题答辩
↓
定论

第二章
美食节产品的市场分析

在商品社会里，任何经济活动都离不开市场，
美食节也是一样，
虽说酒店美食节是一个时间短、规模小的推广活动，
但是“麻雀虽小，五脏俱全”，
要使这种小型的美食推广有利可图，
同样需要应对市场需求，把握市场的脉搏。
本章重点介绍美食节各种市场分析和预测的方法。

第一节
美食节产品的市场分析概述

一、什么是美食节产品的市场分析

酒店在举办美食节之前，市场分析是第一位的，这一点无论在国内还是在国外都是一样的。市场分析的目的是为决策提供依据，减少决策的风险。在这里，我们把美食节后面加上了“产品”两个字，就是说将美食节的推广活动视同一种产品的推广一样，先要分析产品在市场上的地位。

酒店美食节产品的市场分析，通俗地讲，就是对拟举办的美食节产品的市场消费情况的调查研究和在这个市场中推广某种美食的可行性分析。

从理论上讲，市场的可行性分析是用科学的调查研究方法，有目的、有针对性地对本地区拟举办美食节的产品的消费市场需求和供给状况，各种信息和资料进行详细地收集、整理、分析、研究的过程，以了解现实的市场状况和潜力以及本酒店餐饮出品自身所处的经营环境，从而把握住一定时期内的市场状况和趋势，为美食节的经营决策提供客观依据的活动。

可能许多人会对此感到不解，认为一个短期的美食推广没有必要那么认真，不必花精力做正式的市场分析。其实美食节的产品市场分析同普通餐饮市场分析一样，都要通过科学的方法，对本地区的社会经济发展情况和当地机构的数量、当地居民的数量和流动人员的数量、酒店忠实客户的数量、竞争对手的数量和知名度、所经营产品的风味、特点、价格及其优劣势、时常占有量，以及消费者所处的地理位置、交通状况、客人流量、食品原料的供应情况、市场对餐饮出品的评价、企业形象等进行调查了解和分析，并作出科学的预测和评估，同其他餐饮市场分析不同的是美食节的产品是一种比较单一的出品，其市场的深度和广度有限。

美食节产品市场的分析重点是产品的市场状况和供求关系，也就是评估拟举办美食节产品能否被客人接受及被接受的程度。

美食节产品市场分析最主要的一项任务，是估计市场的大小，根据预测市场的容量，估测市场潜力，合理地调配自身的资源。

二、美食节产品市场分析的意义

同各项产品的市场分析一样，美食节产品的市场分析是举办美食节的最重要一环，它揭示了酒店举办美食节的必要性和可行性，显示了人们的意图和实际可能的差距；成功的市场分析能够帮助举办者对症下药，寻找美食产品市场的卖点、适应点和结合点。

我们在前章曾经讲过，举办美食节不可以单凭主观臆想去选择或确定做某一种美食节，而一定要看市场是否可以接受这种美食，如果接受则有可能达到效益目标，如果不接受则会造成亏损、失败，而市场分析正是这种可行性的试金石。市场分析是靠人去操作的，操作人员必须以事实为依据，不可带主观倾向性的观点去分析，调研过程要随意性，要反映人们的真正意志，保证其真实性和可行性。

三、美食节产品市场分析的作用

实际上，任何事物都是相对的，市场分析也是一样，餐饮市场的可行性分析只是给你一个信号，某一种菜系和口味被市场接受的比重，受欢迎的程度，由此可以测算出举办美食节有效卖点的时间长短、规模大小、投入资金或资源的多少，期望值或需求满足程度的多少，市场分析可以帮助酒店高层提高决策的准确度。

美食节产品的市场是一个特殊的市场，虽然其规模和举办周期相对餐厅中的固定产品要小得多，但是它毕竟也是一个投入产出的经营项目，对于多年经营某一菜式的餐厅来说也算是一个特殊的市场，是否可以进入都要依据市场的容量和市场的需求，要根据不同的地理环境和市场的不同部分进行资源的合理分配。即使开业多年的酒店，有相对固定的市场份额和客户群，仍然要对新的产品市场接受程度进行可行性的测试，否则，一旦市场预测不准确，新市场未开发出来，旧有的市场又丢失，造成鸡飞蛋打的局面，酒店的损失就会十分惨重。现代社会，餐饮市场竞争十分激烈，对手虎视眈眈，一个小的失误就有可能造成满盘皆输的局面。在香港甚至国外，做产品市场分析是很流行的，一般大的项目都是委托咨询公司或学术机构，正因为美食节产品是一个短期和规模较小的活动，才由酒店自己组织力量进行。

第二节
美食节产品市场分析的内容

作为酒店美食节这种特殊产品的市场分析，它不仅仅只限于市场需求的分析，而且涉及餐饮市场需求和供给的各个方面。但由于分析目的不同，分析时间限制，因此分析的内容也并非完全相同。实际上特定的酒店美食节产品针对某一市场展开的分析活动也无法包括餐饮产品市场的全部内容，必须通过多次分析资料，不断收集、积累才能比较全面地把握餐饮市场。虽说美食节产品也是餐饮企业中带有特定性、经营周期最短的一种异乡菜式，但是就其市场分析的过程和内容来说，并不比其他饮食品种简便。一般来说，作为举办美食节的酒店在特定时期内侧重于对外来美食产品市场的分析，内容主要有两大部分，一是酒店内部资源的分析，二是外部市场需求的分析。前者主要分析市场的供求关系，后者分析的是市场需求关系。

一、酒店内部资源的供求分析

1. 餐厅的可利用面积

是指拟举办美食节的餐厅营业面积及餐位数量，即举办美食节餐厅的空间；餐厅面积是美食节举办场地的重要资料，由此资料可以计算出餐厅的空间利用率和可提供的经营规模。餐厅面积是指营业面积，有的地方也叫楼面面积。

2. 餐厅的空间利用率

是指举办美食节餐厅空间的利用面积占总面积的比率。它是根据可容纳的人数及每个人所需要的面积算出来的，其中每个人所需要的面积是一个灵活和可波动的数据，其界定标准是由酒店本身的档次标准来确定。在研究和衡量餐厅空间利用率指标时，其现实空间利用率越大，说明增加营业空间、扩大营业规模的余地就越小；相反，餐厅现实的空间利用率越小，增加或扩大营业规模的机会就越大。

3. 在稳定的营业状况下的生产能力

即拟举办美食节餐厅的饮食食品的正常供应量。分析此项指标，是要考虑酒店原料的采购、储备和供应能力，以及厨房的加工生产能力。这对确定餐厅在营业高峰时间，客人等候时间的长短，以及服务质量的保证都有着重要的意义。

4. 人均服务的餐位数

主要分析和研究拟举办美食节的餐厅人员的配备情况。它是指餐厅工作人员的工作能力和工作效率，并以此对照拟举办的美食节对人力资源的需求状况，以便调整到一个较合理的人员比例。根据此项资料，研究现有的人力资源状况对拟举办的美食节的适应程度，如果差距太大就要另外作出调整计划。

5. 现实餐饮毛利率及成本率

酒店的毛利率是衡量酒店餐饮经营效益的一个重要指标。目前大部分的酒店都是用这个指标作为衡量效益和经营成果的重要依据。当然也有部分酒店使用其他指标。对于酒店的毛利率指标，酒店财务部门每个月或每个时期都进行核算。掌握这个指标是对拟举办的美食节及其效果期望值的一个测量，它反映了饮食成本或毛利在营业额中所占的比例，同时也是对外部市场对照比较的一个重要资料。

餐饮的成本率是反映本酒店原材料成本占销售收入比重的重要指标。因为美食节的主要原材料都是由外地进入，掌握了成本率对于合理的采购、储备原材料及编制成本预算计划书都是十分重要的。

掌握酒店现实餐饮毛利率及成本率，以及社会同类酒店或同类产品的毛利率和成本率，可以用来作为衡量和确定美食节产品毛利率和成本率的参考。在分析和研究中，社会同类酒店或同类产品的毛利率的资料相对容易收集，而成本率的资料就相对困难一些。这是因为毛利率指标对整个地区的餐饮企业意义比较大，无论是政府的统计部门还是企业的主管部门都需要掌握这个数据，许多政府和行业部门都可以提供；而成本率则是由酒店内部核算掌握的数据，一般不会对外公布，使用部门也仅限于餐饮和财务部等少数部门。这要依靠酒店利用特别的资源去获得。

6. 餐座周转率

餐座周转率也叫翻台率，是指就餐人数与餐厅总席位数的对比值，是用来核算餐厅生意水平和就餐人数多少的一个指标。

每日餐座周转率的计算方法为：

每日就餐客人总人数 ÷ 餐厅总座位数 × 100%

每月餐座周转率的计算方法为：

每日就餐客人总人数 × 餐厅总座位数 × 当月实际营业天数 × 100%

一般情况下，餐厅座位周转率越高，市场的客源占有率就越高。在服务质量和出品质量稳定的情况下，餐座周转率越高越好；但是如果周转率高到餐厅无法承受的程度时，其效果就会转向反面，就会影响到服务质量和出品质量，此时餐厅就需要在人力和价格上作出调整。如果餐座周转率较低或出现下降的趋势，就说明餐饮市场出了问题。

7. 人均消费额

人均消费额是衡量市场消费能力的一个重要指标。了解以往酒店客人的消费能力，对于拟举办的美食节的可行性研究具有很大的参考作用，通过它可以计算或推算出许多相关的营业资料和指标，同时也可以通过对拟举办的美食节期望指标与酒店现实的指标进行比较，为美食节的可行性提供参考依据。人均的消费额，只是说明市场消费能力状况，并不能说明酒店的盈利状况。

人均消费额是一个平均数，它是总收入和消费总人数相除得出，即：

总收入 ÷ 总人数 = 人均消费额

8. 人均创收额

反映餐厅员工的创收能力，此项指标是衡量餐厅员工劳动生产率的一个指标，反映餐厅的劳动效率和劳动成本，它对于美食节能否达到和超额完成现有经营指标，设定了基本的目标。一般情况下，举办美食节的人均创收额一定要大于举办前的餐厅员工人均创收额，否则就失去了举办美食节的意义。

人均创收额的计算方法是：

总收入÷餐厅员工总数=人均创收额

9. 资金投放量

主要反映拟举办的美食节可能投放的资金，它是制定美食节预算的一个重要资料。酒店的美食节如果避开市场因素之后，资金的投放因素是确定美食节举办规模的一个依据，资金的投放一定要和美食节的效益产出成正比。

二、美食节市场需求的分析

酒店美食节市场需求的分析项目很多，其中一些基本环境的分析项目于酒店开业前已经进行，例如：酒店政治环境的分析、法律环境的分析、经济环境的分析、科技环境的分析、社会文化环境的分析等等。这些资料可以从酒店以往的档案中获取，此处不再作过多的描述。作为美食节产品的市场分析主要着重于市场需求的分析和研究。

餐饮市场需求是在一定时期内，消费者愿意并能够以某一价格购买餐饮产品的数量，也就是餐饮消费者对饮食产品需求的数量。这种需求既可以是对酒店餐饮需求的总和，也可以是专指对某一餐厅或某一餐饮出品的需求数量。市场需求由购买者、购买欲望、购买能力组成。购买者是需求的主体，是需求行为的实施者；购买欲望是需求的动力，是产生需求行为的源泉；购买能力是需求的实现条件，是需求行为的物质保障。三者共同构成了需求的实体。餐饮需求是决定餐饮市场购买力的主要因素，因此对餐饮消费者所进行的需求调查是餐饮市场调查内容最基本的部分。虽然酒店美食节并不是重新发掘的一种新的餐饮项目，而且在时间上也并非长期经营，但是作为餐饮经营的某一特定时间的个案，对所在市场进行略为详细的调查分析和研究，可以使美食节的举办者做到知己知彼，使美食节决策者和管理者有更大信心，使美食节成功的系数更大。

1. 餐饮消费市场容量构成的分析

餐饮消费市场容量分析，主要是分析和研究餐饮消费者的数量及其构成。包括本酒店所在区域的经济发展水平与人口特征，如现有和潜在人口变化、收入水平、生活水平、购买力投向等；餐饮活动的消费习惯、餐饮消费者的数量与消费构成，即分析和研究餐饮出品和服务现实与潜在消费者数量，如年龄、性别、文化背景、职业等，统计餐饮消费水平和消费频率；餐饮消费者对餐饮产品质量、价格、服务等方面的要求和意见等。这种分析可以通过餐饮消费过程中问卷，也可以通过消费者的访问，还可以通过对餐饮出品的消费资料的推算等多种方式取得，从而确定即将推出的美食节适合哪一部分人群，他们的消费群体有多大、潜力有多大、能否满足美食推广的需要等等。

2. 顾客消费动机的分析

餐饮消费动机就是为满足一定的需要，引起人们购买餐饮产品和服务的愿望和意念。餐饮消费动机是激励餐饮消费者产生餐饮消费行为的内在原因。消费动机的分析可以帮助酒店更加清楚所在地区各个不同市场的特点，从而选择一个与即将举办美食节产品的市场接近的顾客群体，测试这个市场所具有的与你要举办美食节的规模、客容量相适应的能力。餐饮消费动机包括：

(1）生存动机。即为了维持人的生存需要而进行餐饮消费活动。

(2）减压动机。缓解由于每日工作和家庭事务所带来的身体上和精神上的各种压力，达到放松和缓解疲劳的作用。

(3）文化动机。指为了了解和欣赏不同的饮食文化、烹饪艺术而产生的饮食需要。

(4）社交动机。通过餐饮活动与亲友沟通，进行商务活动而产生的饮食愿望。

(5）地位与声望动机。通过餐饮活动满足自尊，体现个人成就等餐饮需要。

当了解到目标市场的消费动机后就可以对症下药，针对不同的动机，有的放矢地进行刺激消费者的消费欲望，达到饮食推广的目的。

3. 顾客消费行为的分析

餐饮消费行为是客人在实际餐饮消费过程中的具体表现。消费行为的分析就是对就餐客人购买模式和习惯的分析和研究，主要是要分析客人在餐饮消费时间上存在着的习惯和规律；客人在何处进行餐饮消费，消费的主要产品是什么，哪些是客人最喜欢消费的，客人的主要口味是什么，期望的消费是哪些？包括客人在选择用餐地点时的主要考虑因素以及这些因素重要性的排序；客人的决策即由谁来决定餐饮消费以及餐饮消费的类型等。

以上市场需求的各项分析的目的就是通过需求的空间，是否能容许美食节产品作为一种饮食品种的补充，加入到市场竞争的行列，而且能够达到预期的经营效果。市场需求分析的方式多种多样，酒店可根据自身的方便程度，选择一两种或更多种方式进行，也可以通过政府或行业的旅游部门或饮食管理部门的第二手资料加以分析研究，获得相似或相近的市场信息和资料。

三、美食节市场供给的分析

餐饮市场的供给是指在某一时期内为餐饮市场提供餐饮产品的总量。美食节产品市场供给的分析主要是调研将要举办的美食节所提供的菜肴品种和口味，在现有市场的供应量。它有两个方面的含义：一是对酒店所在地区餐饮供应总量的分析；二是对本地区拟举办美食节菜系和口味产品供应量的分析或者说是可接受新菜系顾客数量的调查和研究，包括客人对现有市场上同类产品和服务质量、价格的意见、评价和要求，预测上述产品和服务的市场寿命、客人对新菜系和新口味或服务更新的态度、现有的菜式和服务在现有市场上能继续多长时间、有无新的菜式或服务来代替等等，它包括以下5个方面的分析。

1. 行情分析

是指本酒店新菜系或新品种出品市场在整个地区市场中的销售状况和销售潜力；同类产品供给的充足程度以及市场的饱和程度、餐厅酒楼的种类和数量、是否存在着市场空隙；有关同类竞争对手的生产、经营、成本、价格、利润的比较；所在市场同类产品的价格差别和发展趋势；主流市场的状况最适合顾客接受的价格与定价策略；新产品定价及价格变动幅度等等。如果市场的价格高出正常价格，即市场行情中利润比较丰厚，说明市场供给的不足；如果市场价格低于正常价格，即利润微薄，说明市场产品有过剩的情况，隐藏着较大的风险。

2. 同类产品餐饮设施和接待能力的分析

主要是分析本地区经营同类或类似产品的酒店餐饮企业现有接待能力和座位周转率以及能否适应目标客源市场的要求；同类酒店或餐

饮企业现有的经营设施、设备条件，他们的技术水平和档次在同行业中处于什么地位，是否得到充分的利用；现有这类酒店经营产品的安全性、稳定性、现实的盈利状况和综合效益，这类酒店餐饮部门现有的员工数量、构成、素质和业务水平等等。通过这项分析，可以预估到目前市场的压力和潜力。

3. 可进入性分析

可进入性分析有两种含义：一是指美食节产品对于现有市场的可进入性，也就是对客人的吸引能力。美食节产品是在现有餐饮市场相对平衡和稳定的情况下，顾客对新挤入市场的产品是否认可和接受，以及接受的程度如何，均构成了产品可进入性的内容。另一种含义是指顾客进入餐饮企业的难易程度，表现为进入餐厅所在的街区和前往该餐厅所花费的时间及费用。包括可利用的交通工具、停车场地、交通拥挤状况以及各种交通限制因素等，如果有新的美食节举行，这些条件能否配合和适应客人的要求。通过这项分析，可以了解到市场的限制因素和风险性。

4. 餐饮服务分析

首先评估酒店现有服务的水准和受客人接受的程度，以及新的产品出现后现有的服务能否适应，新的服务要求能否达到。它包括已适应现有服务方式的客人的接受程度、新餐饮服务方式的选择、营业时间、美食节楼面服务项目的数量、服务的程序、服务效率、餐饮卫生与安全状况、服务员的技术水平和服务态度、餐厅的装饰布置和氛围的营造等等。通过这项分析可以了解到拟举办的美食节可否利用到现有的人力资源，达到预期的服务水准。

5. 酒店（餐厅）形象分析

酒店形象是酒店经营的无形资产。客人对酒店及餐厅的评价和态度直接导致他们作出购买和消费决策，酒店形象是通过理念识别系统、视觉识别系统和行为识别系统的综合作用，来影响市场对本酒店的评价和树立自身市场形象。酒店形象分析主要是本酒店形象是否和经营思路相吻合；餐饮目标客源对本酒店形象的真实看法；酒店确立的预期形象是否符合市场需求以及与竞争需要相适应等。形象分析主要体现在客人对酒店总的认识和印象，包括认知、形象、信用、经营水准、管理水准、卫生、安全、服务等等，一般来说，认知程度较好的酒店，举办美食节的效果会更好一些，进入市场的机会就更大一些。通过这项分析，可以了解到美食节项目是否可与本酒店的品牌形象相适应。

四、市场营销活动分析

市场营销活动是一系列活动的组合，包括餐饮产品和服务、价格、促销、客户管理、广告等在内的综合性活动。美食节产品的市场营销活动分析应围绕以下几个方面进行：

1. 竞争状况

此项分析主要是针对与本酒店餐饮经营有竞争关系的各类酒店、特色餐厅、酒楼以及其经营的餐饮品种和现有竞争程度、范围和方式等情况的调查研究。调研内容主要包括：竞争对手的状况；现有的和潜在的竞争对手数量；竞争对手的分布情况及活动范围；竞争对手的市场占有率及市场覆盖率；竞争对手的出品质量、数量、品种、价格、服务种类；竞争者整体档次、质量、方式；竞争对手在客源市场的声誉与形象；竞争对手广告的规模和频率；竞争对手的销售组织形式、规模与竞争实力；竞争对手的市场开发能力和出品技术力量；竞争对手的管理人员和服务人员的基本素质和结构；竞争对手的缺陷以及他们在出品上所体现出来的弱点。在竞争状况的调研中，不仅要调研各种竞争对手的实际状况，还要调研其近期、中期和远期的状况。虽然美食节是一个临时的和短期的美食推广活动，做以上的竞争状况调研并无长期的竞争意义，但通过对市场竞争状况的调研不仅可以为当今的和以后的美食节获取市场资讯，更重要的是为了分析在美食节期间可能形成的竞争压力和应该采取的对策。竞争对手分析的一个重要方面是对竞争对手的价格政策和策略的分析，由于餐饮经营活动的特殊性决定了竞争对手的价格资料的收集不能落实到每个菜肴的价格，只有从整体的价格水平上推断其所处的价格水平。在调查竞争对手所谓价格水平时，可以从其客人人均消费额入手，尤其是对方的自助餐的定价，也可以看出其价格上采取的策略，其分析的方法和调查内容可参考表2、表3。

酒店竞争对手早餐定价调查（中餐） （表2）

	早市（单位：元）								
酒店	茶台价	小点	中点	大点	特点	厨点	平均点	折扣	折扣均价
酒店A	12	19	22	28	38		29.75	无	29.75
酒店B	13	14	18	21	24	27	20.8	15%	17.68
酒店C	10	22	25	28			25	10%	22.5
酒店D	9	15	19	24	28		19	10%	17.1
酒店E	15	28	30	33			30.33	15%	25.78

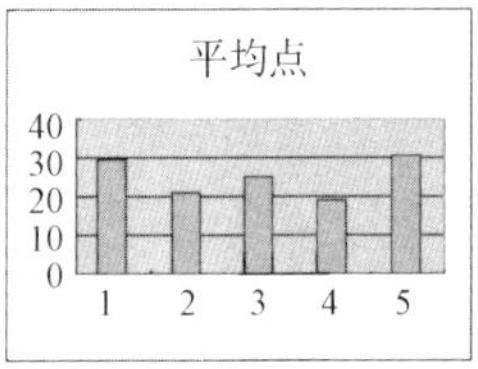

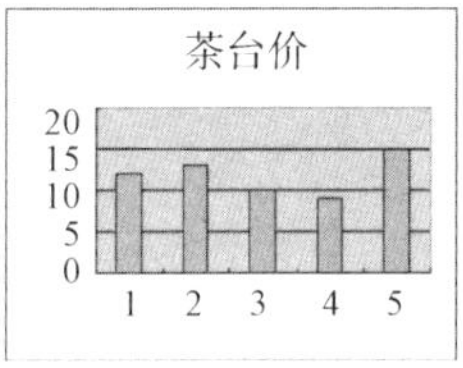

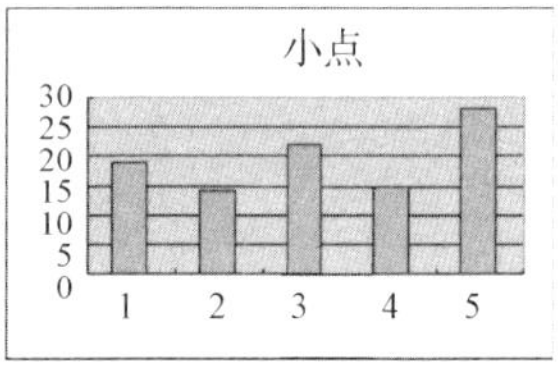

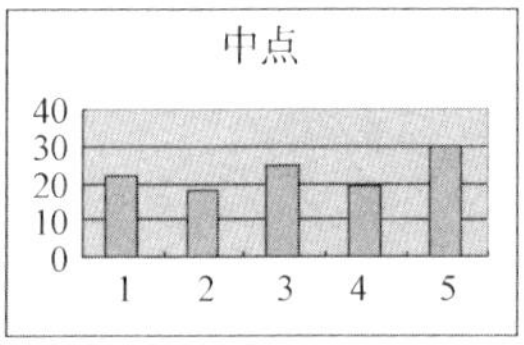

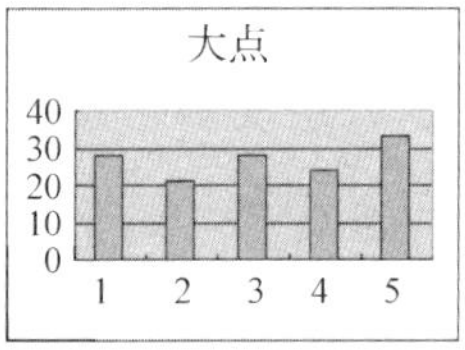

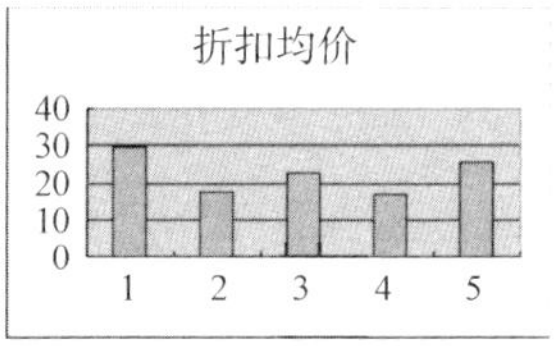

注：1. A 酒店　2. B 酒店　3. C 酒店　4. D 酒店　5. E 酒店

酒店竞争对手正餐定价调查表　　（表 3）

单位：元

指标 项目 / 酒店名称	平日（元）					周末（元）				
	原价		折扣价		生意状况	原价		折扣价		生意状况
	成人	儿童	成人	儿童		成人	儿童	成人	儿童	
酒店 A	198	148	152.5	114	一般	178	128	137.5	98.5	一般
酒店 B	158	108	173.5	118.8	一般	198	148	152.5	114	一般
酒店 C	198	148	174.2	130.2	一般	168	118	184.2	129.8	一般
酒店 D	228	118	188.1	97.4	一般	198	148	174.2	130.2	旺
酒店 E	168	98	157	91.6	旺	248	138	204.6	113.9	一般
酒店 F	158	158	104.3	104.3	一般	178	98	167	91.6	较旺
酒店 G	218	148	191.8	130.2	较旺	158	158	104.3	104.6	旺
酒店 H	248	180	217.8	151.8	一般	248	168	218.2	147.8	旺
酒店 I	250	160	207.9	141.9	一般	268	180	239.8	151.8	旺

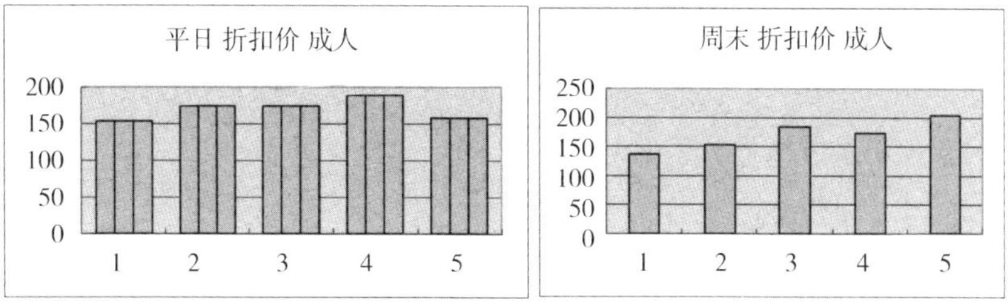

注：1. A 酒店　2. B 酒店　3. C 酒店　4. D 酒店　5. E 酒店

2. 出品质量

出品是餐饮经营活动的主体。餐饮出品质量的分析内容包括：出品与客源市场需求相吻合的程度；出品的特色、优势、风格、组合以及出品的水准、品位；各种菜式的生命周期；出品的市场占有率；客人对出品的评价和接受程度；客人购买出品的频率；目标客源市场对出品还有哪些未表现出来的意见和要求等；产品不能满足市场需求的方面，公共媒体对本地现有酒店（酒楼）出品的评价；曾经举办过同类美食节的出品质量及效果。

3. 出品价格

餐饮出品价格的高低与市场需求有着密切的关系，因此餐饮出品价格分析的重点在于清楚掌握某一时期价格和某一种菜式变动幅度及其价格变动对餐饮消费市场的影响。从某种程度上说，当价格偏离了其本身的价值之后，在市场占有率稳定的情况下，价格越高，市场需求越小；反之，价格越低，市场需求则越大。从总体情况来看，餐饮价格分析重点在于了解定价环境。价格分析的主要内容包括：产品的定价是否合理，市场价格调整潜力是否存在，价格调整的方向何在，现有市场同类出品的价格与拟举办的美食节的出品价格之间的差距，美食节出品价格可调整的空间幅度等等。在分析中直观餐厅的生意，如果座无虚席，则价格还有上升的空间；如果门可罗雀，要么出品有问题，要么价格有问题。

4. 餐饮广告

广告是餐饮业向现有和潜在市场传递信息，激发餐饮消费者购买欲望的一种有效手段。餐饮广告分析是运用科学的方法了解餐饮广告宣传活动的情况，提高餐饮广告的效果。美食节是一种短期餐饮促销手段，来得快，去得快，时间短，必须依靠广告向社会宣传，因此广告调研对美食节产品的推广至关重要。广告调研主要包括两项主要的调研内容，即广告媒体分析和广告效果分析。

广告媒体分析是餐饮企业选择适合自身目标客源市场媒体以及目标市场对哪一种广告媒体更加关注的分析活动。广告效果分析主要包括广告的实际接触人数、观众是否对广告内容感兴趣、广告与销售额之间的关系。同时也要了解广告价格与广告效果的比率，如果超出预算的能力，要么减少广告频率，要么减少广告篇幅。这样做对美食节也有一定的影响，这种影响会对整个美食节起什么作用，也要进行评估。

5. 客户关系

酒店餐饮部门大多是直接与最终消费者接触，所面对的都是终端客户，但正由于酒店直接面对顾客，因而酒店餐饮部门与顾客的关系就决定了酒店餐饮市场的巩固和经营的稳定性。与客户的沟通和管理是餐饮美食节营销推广活动的重要内容。对于酒店的客户关系分析主要包括：是否有专门的客户管理人员；是否建立了餐饮客户档案；是否有回头客奖励制度等销售措施；是否有定期回访制度；是否有专人定期与客户进行联络，等等。要了解持酒店贵宾卡的客人数量，其中忠诚客户的数量、散户的数量，通过这项分析，可以对酒店在手的基本客户有一个初步的掌握。

第三节
美食节产品市场效果预测

所谓产品市场效果预测就是根据现在掌握和调查的信息预见未来，从中推测未知需求事物发展变化规律和发展趋势。美食节经营效果的市场预测，是在市场分析的基础上，运用各种科学有效的方法和手段，对美食节的经营效果进行研究、分析、判断和推测，提出可行性的结论。

一、美食节产品市场效果预测的内容

美食节产品的市场效果预测和其他项目的市场预测一样，尽管预测的目标（针对性）有所不同，但是都是要根据调查分析的内容来预测，一般都是围绕餐饮市场营销中具有直接影响的因素进行，主要包括以下两个方面。

1. 餐饮市场环境变化的预测

主要是对酒店所在地的政治、经济和行业结构变化趋势作出估计与推断，同时预测这些变化以及变化的发展速度，对美食节营销活动及餐饮客源以及消费行为可能产生的影响。由于美食节活动的时间周期相对比较短暂，市场环境变化的速度对美食节销售的影响也相对小一些，因此，一般酒店并不把这项预测活动放在十分重要的位置。

2. 美食节产品市场需求的预测

作为美食节产品的市场需求预测，大致可以分为四个方面。

（1）市场需求总量的预测

市场需求总量的预测主要是指在一定的区域和时间范围内，根据市场调查的信息预测顾客的购买能力以及购买和可能购买总量、餐饮消费总量与该美食节品种有关的消费者总量，及由此吸引到的客人的数量和在美食节举办期间可能光顾客人总量的预测。在预测的资料中亦可预测有可能光顾数量及期望数量。

（2）美食节客源的预测

一是根据与美食节渊源相关的因素，对美食节的客源进行推测。例如：举办上海菜美食节，即可预测在本地的上海人总数与上海人有关联人士的总数以及上述人士中具有前来消费能力的人数和有条件前来消费能力的人数；这些人的到来会与其他人员一同来的人数，受新式菜肴吸引，有尝试上海菜欲望的人数等等。二是预测具有前来消费人数的变化的可能性因素，以及受到各种条件影响而使消费者数量产生变化，例如时间、季节、气候、交通、区域分布等等。

（3）美食节产品的价格预测

美食节产品的价格预测主要是预测客人可接受的价格区间。美食节产品价格的预测是根据对同区域及同类餐厅同档次的食品价格的调研，预测出所期望市场中客人接受的理想价格。此价格既不能低于预期的利润界限，又不能高于客人的消费能力。

(4) 经营效益的预测

这是美食节产品市场效果预测的关键，也是确定美食节预算的关键。此项预测主要有两项基本内容：一是市场占有率的预测。市场占有率是指就餐人数在美食节举办时间内在本区域、本餐厅内的销售总量中所占的比重。对于市场占有率的预测，一方面可以通过市场容量指标，与市场占有率预测资料测算出美食节中的销售总量。另外，通过市场占有率的预测测算出此次美食节的收益。这是所有前期可行性研究的关键，主要包括对营业收入、经营成本、利润等数量预测。

二、美食节产品市场预测的方法

目前，国内酒店餐饮业的预测方法相对比较简单，即使在香港酒店，预测产品市场的方法基本上也都是一些比较传统的方法。虽然香港的社会比较进步，但是酒店餐饮的科技含量比较低，所使用的预测手段基本上都是传统的定性预测方法，也叫判断分析法，就是借助员工在餐饮活动中所获得的经验、知识和综合能力，通过对有关资料的分析，对未来市场的发展趋势作出性质和程度的判断。由于美食节的推广活动只是在现有酒店及餐厅的现有条件下所举行的一项美食推广活动，许多市场因素都是现成的，因此使用定性预测方法比较适当，其中常用的定性预测方法有以下几个。

1. 管理人员意见法

这是一种最简单也是最常用的销售预测方法，尤其是在美食节市场研究方面，大多是采用这种方法。这种方法主要是由酒店餐厅销售、宴会、财务、出品、服务等部门的主要管理人员，尤其是一线的管理人员，根据所采集到的各种信息、资料和数据进行分析后并对预测期的各项非量化指标作出估计和测算，然后取其平均数作为预计数。这种方法简单易行，但是其预测的主观判断往往也会受到各种心理因素的影响，有时会有一定的片面性。许多时候，酒店的上层管理人员在用这种方法的同时，还选一些其他的预测方法，以保证预测结果的准确性。

2. 专家意见法

酒店通常向业内的专家请教美食节的可行性，而且有时也扩大到相关行业的专家。其做法是酒店事先将预测的内容设计成问询表，由专家对预测结果提出各自的主观意见，然后将他们的意见以及思维归纳成主观概率。此处需要特别注意的是，所提出的主观概率必须符合概率论的基本原理，即整体预测中的每一事件概率之和等于一，最后求出概率的平均值，以得到所预测内容的预测值。

3. 类推法

根据相似原理，把预测目标同其他相类似事物作出对比分析，判断其未来发展趋势。尤其是对经常举办美食节的酒店，这种方法使用得比较广泛，他们往往会将拟举办的美食节与以往举办的较为相似的美食节进行比较，用以推理预测结果。

4. 经验预测法

按照以往的资料和经验，根据现有的上座率，再对所要进行的美食推广吸引力做一个大致的估计。

因为美食推广并非将原有客人取消而重新另选一批新客人来代替，而是在原有客人上座率的基础上再增加一部分慕名而来的客人，这个新增加的客人就是在做市场调查时的预测对象。

5. 实际调查法

可以用问卷调查的方式向顾客进行调查，或向酒店原有的贵宾卡客人或酒店数据库内的客人进行问卷抽查，看可以被吸引的新增客人占多大的比例。

6. 过往推算法

将过去每一次举办美食节吸引到的客人总数用所举办美食节的次数相除，获得的平均基本资料，其中以往举办美食节的最高人数和最低人数，就是期望人数和保底人数。对于总体收入的计算方法亦是如此，可以依据过往的实际资料，也可根据人数和人均消费额计算出来。在酒店中，承办美食节的主要部门是餐饮部，所有的市场分析也是由餐饮部门组织进行的，酒店上层的主要工作是审核餐饮部的美食节市场分析报告。

第四节 美食节经营效益的预测

美食节的市场分析完成后，只能回答我们在这个地区有没有我们所需要的市场，但是并不能判断这个市场能够给我们带来什么样的效果，因为效益问题并不是市场分析就可以解决的，它还存在着管理和营销的问题。那么怎样来测定我们举办的美食节能不能赚钱，或者能够赚到多少钱呢？这还需要我们作一个经营效益的预测，通过经营效益的预测，使我们了解每天、每周、每旬、每个月的销售量，从而使我们更好地调配人力，组织原材料，安排仓储，核算整体收入等等。那么怎样才能较准确地预测出美食节的经营效益呢？

一、相关经营资料的收集

1. 历史营业资料

根据酒店或餐厅平时的历史资料，可以判断和分析出酒店餐饮日常的经营规模和市场的占有量。这些资料包括每日的销售收入，顾客的接待人数，人均的销售额等等。酒店过去的历史资料越详细越好，包括资料上的各种项目和数据，例如天气、星期等，都是分析所需要的。

2. 美食节的历史资料

很多酒店平时都会做一些不同形式和目标的美食节，而在做美食节期间，会有各种各样的历史资料和经营报告以及在美食节期间所有活动、事件、经营中的各种资料，包括与美食节有关或无关的资料，美食节所做的各种推广或报告、所有的内容、量化的数据，所使用的费用和标准、效果等。

3. 合作单位的相关经营资料

我们所要举办的美食节，是与美食产地的著名餐饮企业合作举办的，就是说合作单位的产地也是经营同类产品，而且有很大的知名度。我们要将他们在当地经营这种产品的效果进行分析，这样就需要利用他们的各种历史资料，分析其在当地的效果，并可证明其在当地的知名度，以确认在离开美食产地后，这种美食对在外地的家乡人和当地人的吸引程度，并用来推断和预测未来美食节的各项指标完成情况。

二、相关预测指标的计算方法

我们在预测拟举办美食节效果的某项指标时，一般都会以一个曾经发生过的、与需要预测的指标产生的环境和条件都十分相似的参照物进行对比，即两个美食节的两个指标在同等条件下必然会产生相似的效果的这种推测方法进行预测。例如：不同年份的同一个月，同一周或同一天，或同一个季节、同一种气候环境等等。因此，利用过往的经营数据的平均值来预测未来的经营指标是相对准确的。

平均值是指将几个或多个接续的数据相加的和再除以相加的数据的个数所得到的商数。例如：某餐厅从周一到周日的午餐顾客人数分别是360、400、370、410、380、430、408人，那么这一周午餐的平均客人数就是这些数字相加除以7，即（360+400+370+410+380+430+408）÷7=394。在计算美食节的相关指标中，比较多的使用两种平均数，即固定平均值和移动平均值来计算预测指标的数据。

1. 固定平均值的计算

固定平均值是指某一特定时间内的平均数值，例如某酒店餐厅在某月的前半个月的平均营业收入，就是个固定平均数。

某餐厅某月的前半个月平均营业收入 （表4）

日期（日）	营业收入（万元）
1	15.5
2	15.6
3	14.5
4	14.9
5	15.8
6	16.1
7	15.7
8	14.8
9	14.3

（续上表）

日 期（日）	营业收入（万元）
10	15.5
11	16.0
12	16.3
13	15.8
14	15.3
15	16.2
合计 15	232.3

$$232.3 \div 15 = 15.48\text{（万元）}$$

由此得到的某酒店某月上半月的平均日收入是15.48万元，在相似的情况下，这个平均日收入可以作为下个月上旬或任何一年同月的同期营业参照物，以此作为预测同期的营业效果的依据。如果在环境条件上在不同的时间有所变化，则对变化了的条件作一些数字上的调整。

2. 移动平均值的计算

移动平均值是指在某一变动时间范围内的平均营业指标数值。移动平均值是用有规律变动的数据来计算的。通常移动平均数据利用的一组数据在某一事件段滚动平均，即每减去最前一个时间单位，就会同时加上最后一个时间单位。

某餐厅每七天的平均移动客流量计算 （表5）

日 期	顾客人数
1	718
2	725
3	736
4	740
5	738
6	750
7	750

根据上表设置7天移动平均客流量如下表。

某餐厅每七天平均移动客流量
（7天时间） （表6）

日期 \ 客流量人次 \ 七日平均	1～7	2～8	3～9	4～10	5～11	6～12	7～13
1	630						
2	635	635					
3	640	642	642				
4	650	650	650	650			
5	680	680	680	680	680		
6	701	701	701	701	701	701	
7	710	710	710	710	710	710	710
8		718	718	718	718	718	718

（续上表）

七日平均 客流量人次 日期	1～7	2～8	3～9	4～10	5～11	6～12	7～13
9			725	725	725	725	725
10				736	736	736	736
11					740	740	740
12						738	738
13							750
合计	4646	4736	4826	4720	5010	5068	5117
7 天平均移动值	663	676	689	702	715	724	731

此表显示，每个七天周期是由一组随时间变化的每日顾客流量人数组成的，将七天的客流量累加，然后除 7 得到 7 天的移动平均数，每天餐厅都应将每日顾客数加到前七天的顾客人数上，然后减去前第八天的顾客人数，这样就能有效地、不间断地计算出最近七天的平均顾客人数。

虽然移动平均值在计算时比固定平均值的计算要复杂，并花费较多的时间，但是移动平均值在记录资料、预测所需营业指标上更加有效和准确，并可以从中观察到餐饮经营的趋势。通常情况下，移动平均值比固定平均值更能反映准确的情况。

固定平均值和移动平均值各有不同的优缺点和不同的使用功能，在使用时，可以根据不同需要和目标，在某一段时间内计算固定平均值，其余时间都可以利用移动平均值来计算相关的预测指标。当然，在预测未来的有关经营指标是上升还是下降时，我们会发现这两种平均值在使用上是有区别的。一般情况下，在预测未来某个相同时期的指标时，可用固定平均值来计算，如果想预测相近时期的指标趋势时，较多地的是使用移动平均值的方法进行计算。

三、未来美食节客流量的预测

1. 美食产地客流状况的分析

将拟合作单位与未来需要举办美食节的时间（月份）的营业客流量的资料进行统计，计算出其固定平均值，作为拟举办的美食节营业客流量的一个参照物，用以评价美食在当地的知名度、社会认可度。

例如：本酒店拟安排在3月至4月间举办四川美食节，A餐厅是当地著名酒店内的一个老字号川菜品牌，其两年的3月至4月间的客流量情况是：

A餐厅两年的3月至4月间客流量 （表7）

年份 / 客流量 / 变化 / 月份	客流量（人次）			
	2006年	2007年	人次变化	变化率
3月	27900	29450	1550	5.6%
4月	24000	25500	1500	6.5%
两月合计	51900	54950	3050	5.88%

从以上的客流量表中，我们可以知道，合作单位2007年比2006年的客流量是呈增长趋势的，说明两个问题：一是川菜在当地的人群消费中仍然是一个增长趋势，当地人对川菜的喜爱程度有增无减；二是合作单位的知名度仍在增加，仅在这两个月中就有5.88%的增长幅度。

2. 酒店上次美食节及本次美食节前的客流量分析

利用上次美食节作为参照物，测算出平时与美食节之间的客流量的变化程度，再利用本次美食节前的客流量数据判断和预测美食节的客流量。例如：某酒店 2006 年 6 ~ 7 月间举办过一次美食节，该次美食节及美食节前的营业客流量情况如下：

某酒店美食节前及美食节的营业客流量 （表 8）

美食节前两个月	美食节（两个月）变化	人次变化	变化率
49600（人次）	73200（人次）	23600	47.6%

某酒店今年同期客流量预测 （表 9）

美食节前两个月	美食节预测
50000（人次）	50000 + （50000 ×47.6%） =73800（人次）

由此，可以得到去年同期近似于今年同期，即：

$$\frac{\text{去年美食节之前两个月客流量}}{\text{去年美食节两个月客流量}} = \frac{\text{今年美食节之前两个月客流量}}{\text{今年美食节两个月客流量}}$$

假设今年美食节客流量为 x，那么，其计算步骤为：

$$\frac{49600}{73200} = \frac{50000}{x}$$

$$x = \frac{73200 \times 50000}{49600}$$

$$x = 73790 \text{（人次）}$$

四、未来美食节营业收入的预测

1. 上次美食节前两个月的营业收入资料统计：

利用以往的统计资料，将上次美食节前两个月的每日营业收入合计。

2. 将上次美食节每日的营业收入相加汇总。

3. 计算出去年美食节前与美食节期间营业收入的变化率。

4. 将拟举办美食节日期的前两个月的营业收入相加汇总。

5. 计算出变化率，今年美食节的营业收入预测数，如下表：

某酒店餐厅 （表10）

去年美食节之前两个月的营业收入	去年美食节两个月收入	变化	变化率
476万元	732万元	256万元	53.78%

去年美食节之前两个月的营业收入是476万元，今年美食节两个月的收入可以计算为：预计营业收入＝美食节之前两个月的营业收入＋（美食节之前两个月的营业收入×增长率），即：

$$476+(476\times53.78\%)$$

$$=476+256$$

$$=732\text{（万元）}$$

五、人均消费额预测

按照平时酒店餐饮经营的统计资料，预测每季或每半年的客人消费额的变化趋势，来测定美食节的人均消费的能力。其具体预测的方法是：按照固定平均的方法计算美食节的人均消费趋势，计算美食节前一年的人均消费水平。

某餐厅美食节前一年的每月人均消费额 （表 11）

月份	人均消费额（元/人次）	月份	人均消费额（元/人次）
1	90	7	93
2	105	8	95
3	98	9	99
4	88	10	110
5	96	11	100
6	90	12	115

六个月人均消费额移动平均 （表 12）

（单位：元/人次）

月份	1～6 月	2～7 月	3～8 月	4～9 月	5～10 月	6～11 月	7～12 月
1	90						
2	105	105					
3	98	98	98				
4	88	88	88	88			
5	96	96	96	96	96		
6	90	90	90	90	90	90	
7		93	93	93	93	93	93

（续上表）

月份	1～6月	2～7月	3～8月	4～9月	5～10月	6～11月	7～12月
8			95	95	95	95	95
9				99	99	99	99
10					110	110	110
11						115	115
12							120
合计	567	570	560	561	584	602	632
六个月平均移动	94.5	95	93.3	93.5	97.3	100.3	105.3

根据以上六个月移动平均值再进行固定平均，即：

$(94.5+95+93.3+93.5+97.3+100.3+105.3)\div 7=97$（元）

上年度美食节与平时的人均消费的变化率，假设上年度美食节两个月人均消费额为141元/人次，即将去年平时人均消费与美食节的人均消费进行比较，计算出人均变化率，即：

某酒店去年美食节与平时的人均消费变化率　（表13）

去年平日人均消费（元/人次）	去年美食节人均消费（元/人次）	变化额（元）	变化率
97	141	44	+45.36%

计算公式为：

$$\frac{\text{去年美食节人均消费额}-\text{去年平时人均消费额}}{\text{去年平时人均消费额}}\times 100\%$$

即：$\frac{141-97}{97}\times 100\%=45.36\%$

如果今年的美食节是在 5 月和 6 月份两个月的时间，就将今年 1 ~4 月份餐厅实际人均消费进行移动平均计算，即:

今年 1 ~4 月人均消费额 （表 14）

月份	人均消费额
1	98（元/人次）
2	102（元/人次）
3	115（元/人次）
4	87（元/人次）
合计	402（元/人次）

$$\text{固定平均值}\frac{402}{4}=100.5\ (\text{元/人次})$$

将今年四个月的人均消费额乘以去年平时平均值与美食节的变化即得到在相同环境和条件下，今年美食节人均消费的预测值。

即: 100.5（元/人次）×（1 +45.9%）=146.6（元/人次）

↓ 今年四个月人均消费　↓ 变化率　↓ 美食节人均消费预测值

第五节
美食节的市场分析报告

市场分析报告是美食节项目调研的一个重要组成部分，这是对该项工作结果的总结。这份报告不论对上级、平级、下级还是对调研分析者本人都具有重要意义，它记录着该项调研分析工作的过程和结论，是一份为决策者提供决策依据，为操作者提供市场信息的重要文件。一份好的市场分析报告应该是简明、扼要，实事求是、客观公正、有理有据。

一、美食节市场分析报告的基本框架

美食节市场分析报告的格式，没有十分严格的要求，但是也有一个基本的框架，这个基本框架应该包括标题、概述、正文、结论、建议以及附件等几个主要部分。

1. 标题

正规的市场分析报告，应该把标题、报告日期、调查分析的部门等写在报告的扉页上，以便让人一目了然，第一眼就可以知道此报告主要内容是什么，何时、何人所作。

标题的设置，可以把项目单位和调研分析内容也一并写明确和具体地表示出来，如《关于举办泰国美食节的市场分析报告》或《香港京华国际酒店关于举办夏威夷美食节的市场调研报告》等等。

2. 概述

概述主要是阐述调研项目的基本情况，它是按照市场调研和分析的顺序将问题展开，并阐述对调查项目各种资料进行收集、选择、分析、评价、结论以及提出建议的原则等。主要包括以下几个方面：

第一，简要说明美食节调研的目的。

第二，简要介绍调研的对象和内容，包括时间、地点、对象、范围、调研的要点等。

第三，简要介绍调研分析的方法。

3. 正文

正文是美食节市场调研分析报告的主体部分。这部分必须准确阐明全部有关论据，包括问题的提出到引出的结论，论证的过程，分析研究问题的方法，还应当有可供酒店决策者进行参考的主要调查结果和必要的市场信息，以及对这些情况和内容的分析评论。

4. 结论与建议

结论与建议是撰写市场分析报告的主要目的。这部分包括对引言和正文部分提出的主要内容的总结，提出如何利用已证明有效的措施和可供选择的方案与建议。结论和建议与正文部分的论述要紧密对应，不可以提出无论据的结论，也不要没有结论意见的论证。

5. 附件

附件是指报告正文包含不了或没有提及，但与正文有关必须附加说明的部分。它是对正文报告的补充或更详细的说明，包括数据表格、原始资料、背景资料和必要的图片等。市场分析报告的结论是美食节可行性研究的重要依据。

二、美食节市场分析报告的写作要点

1. 市场分析主要目的的描述

市场分析主要目的的描述，是分析报告的开头，不需要长篇大论，只需实事求是说明为什么要去进行此项调研，因为各种酒店经营环境和条件均不相同，目的也不尽一样。例如，有的是为了开拓新的餐饮市场，增加服务品种；有的是为了扩大酒店的知名度，提高公众形象；有的是为了调剂酒店餐饮的花色品种，为客人增加新的口味；有的是为了吸引更多的客源，增加收入创造营业利润等等。描述市场调查的目的，一定要实事求是，不可哗众取宠，也不可张冠李戴。因为不同的目的，其调研的侧重点不同，有不同的调查分析理念、分析角度和分析方法，同样会得出不同的结果。而市场调查本身是为领导或决策者提供一个真实的市场状况，以便决策者对各种因素作出正确的判断和决策，如果不能真实地反映被调查项目的真实状况，以致提供不合实际的市场信息，或许会误导各级决策者作出错误的决定。

2. 市场分析范围的描述

市场分析范围有多种不同的概念，主要是要向酒店的上层提供对报告的广度和深度的认识，以至他们判断你的报告的可靠程度。市场分析范围包括地域范围、时间范围、被研究的项目范围、调查人群的范围等等，都要作一个简单介绍，文字要清晰、准确。一般情况下，美食节拟举办的时间越长，分析的范围就越广；举办时间越短，分析范围就相对减少。

3. 市场分析方法的描述

市场分析方法的描述就是简单描述分析研究过程中所使用的方法，以及这种方法的效果，例如：问卷的方法、访问的方法、抽样的方法、历史推测的方法等等。目的是说明你所使用的方法对此项调查的适合程度，以确认分析结论的可信程度，向酒店上层或决策者提供结论可信度的依据。调查方法的描述只是提供参考的证明依据，只需要简单、概略地描述，不需要提供过多的细节。在描述方法时也可列举实际调研过程中比较典型的事例，使描述更加生动。

4. 市场分析数据的描述

市场分析数据是市场调研报告的重要依据，要详细地列举此项调研报告中的主要数据资料。对于比较重要的数据资料，可以展开详述或分析描述；由于调研过程中的数据资料很多，可以将数据制成不同的分析表格，插在报告的内容中；对于一些与报告论据有关但并非主要的数据表格，可以作为附件。

5. 市场分析过程的描述

主要介绍对于取得的各种资料的整理、归档、分析测算和研究过程。例如，使用加权平均方法的过程，类推预测的过程，专家意见的综合、归纳、分析测算的过程等等，以及其所使用方法的准确程度如何、分析研究的结果如何、各项结果资料的具体介绍、分析图表等等。

6. 市场分析结论和建议的描述

市场调研分析报告结论是在大量的、有效的分析结果的基础上得出来的，结论应该清晰、明确、直截了当地说明分析的项目可行或不可行、有效果或无效果、是或否等等。也可分为各个问题项目的结论、调研报告总的结论等等。在项目调研和分析过程中有时也会遇到各种各样与结论有关的问题，如果这些问题并非十分严重，在结论中也可以提出各种建议或说明，以规避执行中的风险，保证美食节的进行或推迟或取消等。

第三章
美食节的筹备

美食节的运作是一项细致和复杂的工作，
它的先决条件就是要有明确的主题、
可靠的合作伙伴、
切合实际的财务预算和有说服力的分析报告。
本章重点介绍几项前期工作的做法和内容，
以及酒店各部门在美食节前期准备阶段的主要工作。

第一节
选择美食节的主题

一、选择美食节主题的基本原则

酒店举办美食节一般应在前一年底作出下一年的美食节推广计划，其实这个计划是一个非常简单的主题计划，待这计划审批之后才去作进一步的市场分析。这些主题是根据酒店事先确定的选择美食节主题的基本原则而进行选送的，基本原则有下列这些。

1. 根据实力，量力而行

酒店举办美食节的目的是为了实现酒店预期的经营目标，所以在选择美食节主题时，一定要根据酒店自身的经济实力大小，来确定美食节的主题内容，量力而行，真正达到提高效益的目的。如果预算费用有一定的限制，或者是初期、初次举办美食节，应遵循以下几项原则：

(1) 先近后远

鉴于举办美食节要进行大量的准备工作，尤其是第一次举办美食节时，大家对各方面的运作程序都比较陌生，如果预算资金受到一定的限制，则应选择与美食节举办地较近的美食发源地或与酒店现行的出品菜系相近的菜系。这样既便于联络筹备，又易于控制出品。先近后远也可理解为先本地后外地，先本市（本省）后外市（外省），先国内后国外的推广。所谓先近后远，主要是指美食菜系发源地的远与近。

（2）先易后难

俗话说，万事开头难。为了建立信心，首次举办美食节一般都属于尝试性的，最好选择那些内容比较简单的，人们（包括厨师和服务人员）较为熟悉的和比较喜爱的美食品种，比较容易操办的美食主题，在取得一定的经验之后，再向难度较大的主题进军。所谓难和易实际上并无明确的界限，只是根据举办者自己的实力而定。

（3）先小后大

美食节的主题是根据具体内容进行选择的。美食节的主题亦可无限小到一个产品的美食主题，但是小的主题，有时也可提升到无限大的产品推广效果。先小后大，其实是指先从小题目做起，或者从受人欢迎的单项出品做起，总结一些经验，摸索一些规律，然后再逐步推广。记得在上海曾经有一家餐厅，在开业初期的半年里，几乎达到倒闭的边缘，后来因为推广一种乳鸽一举成名，创下乳鸽每日供不应求、限量供应的局面，从而带动了整个餐厅的生意，现在该餐厅每日须提前订座才能够得到餐位。所以，一个品种的菜式主题，也可带动整个餐厅的生意，从这个意义上说，美食节的主题可以小到一个菜的内容。

2. 根据酒店的餐饮规模选择主题

美食节的主题有大有小，有的大到全国范围共同举办，小的也可小到酒店内的某一个餐厅举办，美食节选题的大小，也要视酒店和酒店内拟举办美食节活动的餐厅规模的大小而定。美食节的举办要投入一定的人力、物力和财力。餐厅规模较大的，可选择较大或略大的美食节主题；对规模较小的餐厅，则应选择较小的美食节主题，以免浪费资源。

3. 根据现有条件选择主题

酒店举办美食节，首先要注重效果，其次才注重形式。酒店所具备的条件是决定美食节主题的一个重要依据，条件好的酒店可以选择的主题多一些，题目大一些，内容丰富一些；条件略差一些的酒店所举办美食节主题可以小一些，简单一些，时间短一些。条件并不是选择主题的唯一标准，只可以作为决定主题大小的参考依据。

4. 顺应潮流和时尚，迎合顾客的特别需求

美食节主要是做客人的生意，因此，首先应评估自己的市场取向，同时也要清楚本市场主要时尚和潮流趋势。不同的顾客群有不同的阶段性或趋向性追求，例如，老年人追求健康，现代知识阶层支持环保，年轻女性追求美容美体，一般女性追求健美、瘦身，一般大众崇尚回归自然等等。而选择美食节主题时则一定要有的放矢，针对一个主流客户群体，兼顾其他的客户群体，顺应社会的饮食消费潮流，满足大多数客人的需要，达到推广美食的目的。

5. 适应季节，尊重风俗和习惯

美食节的主题一定要适合人的生活习惯，这是一个非常重要也是最基本的原则。其中一个重要的方面是适应季节的需要。在中国，许多菜式是没有季节性的，而有的地方菜系是有很强的季节性的，也有的菜系在发源地是没有季节区别的，但是到了举办地就有了很强的季

节性。例如：川菜在四川、重庆等地是没有季节性的，但是到了国内的南方地区就有了很强的季节性。南方居住的人尤其是广东人、香港人在夏季很怕火气，一般情况下避免吃麻辣的食品，而将这些食品移在冬季用，所以川菜在广东的冬季尤其火爆。另外，新疆、内蒙古地区的牛羊肉一般热性和暖性较大，也比较适合在冬季吃，如果在广东、海南、福建等地，夏天举办以羊肉为主题的食品推广，一般很难收到较好的效果。有一些以季节原料为主题的美食节更是如此，例如，在没有椰子的季节举办以椰子为主题的美食节，自然是巧妇难为无米之炊。

二、选择美食节主题的方法

1. 注意本地区饮食潮流的变化

每一个地区的每一个时期都会有一种饮食潮流在流行，做餐饮行业的人都会留意这种潮流的发展，尤其是经常要做美食节的人，更要随时注意饮食潮流的变化。饮食潮流的变化也是有一定的规律可循的，大部分的饮食潮流都和当时当地的市民关注点有关。比如一段时间某个城市在放映某一种收视率很高的电影或电视的连续剧，就有可能成为人们茶余饭后的话题，剧中的许多内容都有可能流行起来，包括语言、风俗、服饰、饮食等等。又如，某一很有影响的国家或地区首脑前来访问，也有可能掀起一阵该国该地区的潮流风波。这种潮流就是美食节的卖点，如果美食节能够与这种潮流相呼应，就能收到事半功倍的经营效果。

2. 广泛撒网，重点培养

每年在选择美食节的主题时，往往会有很多选择，对于所有候选的主题不要随意放弃，要评估不同的条件和可行性，对于暂时条件不够的主题可以不断地创造条件。其实创造条件的过程，就是对美食节主题进一步理解的过程。如果有多个主题选择时，要按照条件成熟程度进行排队，哪一个条件更成熟，哪一个就优先入选，所以对于被推荐的美食节主题应该来者不拒，多多益善。有的美食节往往就是当时条件相差很远而搁置，不想过了几个月却正是潮流兴起，遂一拍即合。

3. 做一、备二、观三

做美食节和做其他的商业经营一样，要可持续发展，不是做完一个了事，要瞻前顾后，将每一步计划都安排得恰到好处。一般情况每一个时期至少应有三个美食节主题在筹备，也叫“做一”、“备二”、“观三”，就是做第一个，准备第二个，看到第三个。

三、美食节举办期限的确定

美食节举办期限的长短，对美食节的收益起着十分重要的作用，每一个地区美食节所针对的消费者市场的大小是相对固定的。举办的时间太长，消费的人数减少，收入下降，酒店就会出现亏损；而举办的时间太短，许多客人还未来消费就已经收场了，该赚的钱没有赚到，对酒店也是损失。怎样才能将举办期限设置好呢？最佳的方法就是对各种相关的数据进行不同的组合和比较，选出一个最佳方案。下表是一份美食节举办期的测算表（表15），可作为测算和选择美食节举办期限的参考。

美食节举办期限的评估表 （表 15）

项目＼指标	就餐人次	人均消费（元）	经营收入（元）	合计成本（元）	每日成本（元）	合计利润（元）	每日利润（元）	优劣评价（元）
平时（每月）	150	150	675000	472500	15750	202500	6750	+
美食节（30 天）	200	200	1200000	907500	30250	292500	9750	+ +
美食节（45 天）	190	200	1710000	1264500	28100	445500	9900	+ + +
美食节（60 天）	180	200	1944000	1579500	26325	364500	6075	–
美食节增加表演（30 天）	230	200	1380000	1078500	35950	301500	10050	+ +
美食节增加表演（45 天）	220	200	1980000	1521000	33800	459000	10200	+ + +
美食节增加表演（60 天）	210	200	2520000	1921500	32025	598500	9975	+

注：1. 美食节期间客厨只可在香港停留 14 日，合计人事费用 67500 元。
2. 美食节期间表演人员（约 3 人）每日费用合计为 1500 元，如按 30 日计算合计为 45000 元，如按 45 日合计为 67500 元，如按 60 日合计为 90000 元。
3. 评价“+ + +”为最佳，“+ +”为良好，“+”为普通，“–”为差。

上表中的举办期限一共有四种情况（包括在举办期间增加节日表演），即平时（未举办美食节）与美食节举办 30 天、45 天和 60 天。根据市场分析获知，不同的期限，每日平均就餐人数都有所不同，人均消费取同一值。其中：

每日营业收入 = 每日就餐人数 × 人均消费额

每日利润 = 每日营业收入 – 每日成本及费用

根据表中各项可选出每日平均利润最高的期间作为美食节最佳举办期（例表中的 45 天）。

第二节
联络和选择合作单位（协办方）

在现实的美食节中，大多都是本酒店厨师主持外地产品的美食节，有的人对于为什么一定要从外地请厨师来举办美食节不理解，认为本店有那么多厨师自己做就行了，又省钱又省事，这是符合“效益”原则的呀！其实道理并非如此。所谓美食节的卖点，讲白了就是“地道”、“正宗”的外地菜。比如香港是一个国际化大都市，香港人做生意很讲究长远利益和企业形象，不做则已，要做就争取做得最好。但是当地厨师不可能在没有接触过外地菜的情况下将外地菜做得最好，如果勉强操办，做出的菜不地道、不正宗，客人会有受骗的感觉，今后就不会有第二次光顾的机会了。所以每一个厨师并不是万能的，能够做好本帮菜就算很不错了，如果全世界各地的菜都会做的话一定不是一位好厨师。举办美食节一定要讲究一个特色，只做本帮菜系的厨师才能掌握住该菜系的特点，才能做出地道的家乡菜。而顾客所期盼的也正是异地厨师所做的正宗异地特色菜。当然异地厨师的合作对本地厨师也是一个培训，这方面的问题在后面章节中会详细介绍。

酒店美食节最重要的是食品，如果酒店举办的是外地食品的美食节，那么主要食品是外地生产的，这样对出品的制作就成为重中之重。一般情况下，这种主题的美食节必定是要请美食出产地的专业人员来加工制作，本地的厨师只是配合、帮助、学习，请什么样的人，与什么单位合作，是美食节主办者考虑的重要问题。一个名气十足在各地区都有很大影响的合作单位，可以起到广告所起不到的作用，也可以使美食节的宣传和推广起到事半功倍的作用。

与美食产地的名店合作，举办美食节犹如借船出海，借鸡生蛋，因此举办美食节一定要选择一个好的合作单位。合作单位选择的好坏直接关系到美食节能否成功的问题，必须慎重对待。

一、选择合作单位的基本原则

1. “百年老店”或具有广泛知名度的酒店和酒楼

举办美食节其实就是挖掘美食发源地的传统饮食文化。一般来说，选择百年老店或知名度广泛的名店，必定会有数款著名的、正宗的、传统的名菜或招牌菜，否则该店难以有上百年的经营历史。这些饮食企业具有比较深远的饮食功底，出品质量可以得到保证，具有较高的信任度，容易被广大顾客接受，能够吸引较多的顾客，有广泛和较好的口碑。这一方面可以提高对美食节举办酒店的信任度，另一方面又可以提高知名度。当然一种菜式要想达到特别的知名度，有时利用广告也是可以做到的，但是其代价确实太大，而利用“百年老店”的招牌，虽不能说轻而易举，起码也是事半功倍。

2. 必须有传统名菜或具有特色的地方菜

特色菜或地方菜是美食节的主要卖点，在选择合作方或称“协办方”之前，应从较多的方面和渠道了解对方地区的主要特色菜。所谓的名菜一般是在全国或当地脍炙人口的地方菜，如有条件时也可派人前往考察，或从各种网站资料中找到主要的特色菜品种。有些名菜并非大菜，或许是一些民间小菜或小吃，经过特别的加工或改良，也可以变成大菜，或者说有些小菜的号召力也可与大菜媲美。例如杭州美食节中的叫化鸡、龙井虾仁、宋嫂鱼羹等等。

另外，地方菜的特色一定要有文化的积淀，当选择合作单位时，还必须要求拟选单位提供当地菜肴的介绍，以评价其文化底蕴。例如，某酒店杭州美食节协办方提供的杭州菜系介绍：

某酒店杭州美食节协办方所提供的杭州菜系介绍

杭州菜源远流长，它与宁波菜、绍兴菜共同构成传统的浙江菜。

杭州菜历史上分为“湖上”、“城厢”两个流派，前者用料以鱼虾和禽类为主，擅长生炒、清炖、嫩熘等技法，讲究清、鲜、脆、嫩，注意保留原汁原味；后者用料以肉居多，烹调方法以蒸、烩、涮为主，讲究轻油、轻浆，清淡鲜嫩的口味，注意鲜咸合一。

杭州地处江南水乡，气候温和，当地人饮食口味偏清淡，平日喜食鱼虾。因此杭州菜肴注意原汁原味，烹饪时轻油腻轻调料，口感鲜嫩，口味纯美，色香味俱全。

另外，杭州菜的许多精美菜品的背后都会有一个个温婉动人的传说，先听故事，再品菜肴，此中味道自然更加回味无穷。

杭州菜的主要烹饪特点有以下四点：

一、选料“细、特、鲜、嫩”

"细"，选用物料的精华部分，使菜品达到高雅上乘；

"特"，选用特产，使菜品具有明显的地方特色；

"鲜"，料讲鲜活，使菜品保持味道纯真：

"嫩"，时鲜为尚，使菜品食之清鲜爽脆。

二、烹调擅长炒、炸、烩、熘、蒸、烧

与北京烹调法有显著不同，如烹鱼，大都过水，约有2/3是用水作传热体烹制的，突出鱼的鲜嫩，保持本味。

三、注意清鲜脆嫩，保持主料的本色和真味

多以每季鲜笋、火腿、冬菇和绿叶菜为辅佐，同时十分讲究以绍兴酒、葱、姜、醋调味，借以去腥戒腻，吊鲜起香。

四、形态精巧细腻，清秀雅丽

齐活后放入清洁精巧的器皿中，使人垂涎欲滴。许多菜肴都用风景名胜命名，更吃出一番优美景致。

3. 合作条件和费用支出符合节约的方针

因为举办美食节本身是以交流的形式或借用对方的力量，通过一系列的推广过程，在主客双方都受惠的前提下才能成功，对主办方来说主要是经济效益和社会效益受惠，对于协办方主要是品牌形象的效益受惠。主协双方是合作关系，而非雇佣关系，所以在成本和费用方面要精打细算，省之又省，否则就达不到举办的目的。

二、选择合作单位的条件

1. 协办方必须保证合作时间和人数

美食节开幕之后，厨师就从幕后走到台前，成为美食节的主角了。如果美食节的周期是一个月或以上，协办方厨师驻店的时间起码要在10～15天，如果时间太短，主办方不可能在太短的时间内获得足够的示范表演，待客厨离去后，美食节的出品难以达到应有的水准，并由此难以完成客厨离店后剩余时间美食节的运作；如果客厨停留时间太长，主办方的成本和费用压力太大，难以达到获取经济效益的目的。另外客厨驻店的时间太长，对自身的酒店经营也会有一定的影响，因为每一家酒店或酒楼都不可能预备一些闲人在店内，所以借出的客厨离开原酒店的时间太长，就会影响到本酒店的经营。举办美食节或协助对方酒店举办美食节原本是一件非常好的事情，是在追求经济效益的前提下的一个饮食交流和促进活动，一旦使双方中的任何一方受到损失或各自经营受到影响，就会形成适得其反的效果。

2. 根据菜系和出品确定派驻队伍人数

协办方派出人员的多少，是有讲究的。就美食节来说，当然是越多越全越好，但无论是协办方还是主办方都要在经济上算账。对主办来说，人太少，起不到应有的效果，人太多费用又承担不起；对协办方来说也是想把美食节办好，成功的美食节也同样会给协办方带来良好的社会效益和宣传效果，但派出太多人员会影响自己餐厅的继续营业，派出的人太少起不到作用，对自己的企业也不光彩。按照多年来不同地区和形式举办美食节测算，协办方派出的厨师队伍一般情况下至少要3～5人，即炉灶2人，砧板1人，或炉灶2人、砧板1人、冷菜1人、面点1人。确定冷菜和面点人员的多少主要是根据冷菜和面点的特色性而定，如果特色性很强，则可增设这两个岗位的人员；如果特色性并不是很强，当地厨师可以承担，则不需要从产地派人来。客厨的合作主要是示范、培训，整个美食节必须分两个阶段，第一阶段以客厨为主，主厨为辅；第二阶段是客厨离去后以主厨为主完成整个美食节后一阶段的运作过程。

三、联络和选择合作单位的方法

1. 合作对象的联络方式

大多数的美食节，合作双方在举办美食节之前就有一定的渊源关系，要么是利用酒店上层之间早就相识的朋友，要么是与酒店有一定特别关系的熟人介绍，或者与酒店餐饮部门有一定接触关系。对于这样的关系的联络一般有以下几种方式。

对酒店上层介绍的“关系”，其联络方式如下：

（1）由酒店上层推荐的“关系”一般是与酒店上层相熟悉者，在获得联系电话、传真以及电子邮箱地址后，即用相应的方式进行联络，先将意图与对方沟通，如果对方对此有兴趣，则向对方介绍合作举办美食节的设想，随后送上合作意向或计划书。

（2）美食节计划书由主办酒店发出，主要内容包括：

①本酒店的概况，包括酒店的名称、地址、规模、在当地的口碑、酒店的星级；

②举办美食节的计划，包括时间、地点、周期、做法；

③合作方法，包括主办方、合作方的主要责任及义务，合作方式；

④双方的目标，主办和协办双方可获取的形象宣传，因酒店将会

获得各种媒体专访，酒店会将客方的店名及客厨的照片登于报端，为客方的酒店及美食大做宣传；而当美食节结束时，主办方会将在举办美食节期间的全部宣传报道汇集成册交给客方，客方可持此资料返回驻地进行另番宣传。

（3）将美食节计划书发给协办方后等待对方确认。

2. 不相识合作对象的联络方式

（1）联络

通过行业管理部门或相熟的人士推荐或介绍相识或从网上及其他资料上获知对方在饮食出品方面的情况，初步选择对方为本酒店拟定美食节的合作酒店。其联络方式有两种，一是餐饮部门与对方的餐饮部门进行联络，另一种方式是由本酒店的上层与对方的上层进行联络。鉴于决策的直接性效果，后一种联络方式更有效一些，其联络方式是，由主办方的酒店总经理与协办方总经理用电话直接沟通，或由主办方的主要负责人给协办方的总经理写一封亲笔信，简单介绍一下本酒店的情况和举办美食节的意图，并希望与协办方合作，互利互惠，共同完成美食节的设想。如果协办方对主办方的合作建议不感兴趣，则主办方需另行选择或寻找其他媒介作进一步的努力；如果协办方对主办方的建议感兴趣并有合作的意愿，则主办方负责人应对协办方的合作表示感谢并约定向协办方寄送美食节计划书资料，要求协办方对计划书提出意见。多数情况下，协办方都会签字同意。

（2）签订合作协议书

如果协办方收到主办方的邀请及策划书后，同意协助举办美食节时，主办方应根据合作意向起草一份合作协议书，双方共同签署。

① 协议书的主要内容

A. 举办美食节的目的；

B. 举办方的基本概况；

C. 合作方式；

D. 美食节的拟办日期；

E. 有关费用的支付形式；

F. 双方的主要责任和义务；双方负责人签署。

② 协议书的签署

协议书的签署，一般由主办方起草之后暂不签署（以示对协办方的尊重），传真给协办方请其修改，如协办方有修改，协办方即会将修改意见传回；如协办方对初稿无意见，即会在初稿上正式签署传回。因此主办方在传送初稿时，一般应按照正式协议的格式发出，当双方对初稿均无异议时，应正式签署协议。美食节的协议书签订之后，主办方应即要求协办方提供前来协助美食节的厨师人员名单，以便为协办方人员办理各种手续及购买意外保险及准备媒体宣传资料等事宜。一般情况下，如果主办方属于国内各地则手续相对简单，如果主办方为境外地区，则要由主办方根据协议书向协办方发出邀请，协办方根据邀请办理出境手续。

③ 邀请函的发出

邀请函是协办方向上级主管单位和业主公司申请派出员工参加美食节及为派出的员工办理各种出境手续的依据（如在香港举办美食节）。因此，主办方在发出邀请时，邀请函一定要以正式公函的格式写出，同时要注明：

A. 目的；

B. 时间；

C. 地点；

D. 邀请内容；

E. 具体要求；

F. 希望对方接受要求；

G. 落款；

H. 发出时间。

④ 要求协办方提供前来参加美食节厨师人员的名单

在协办方接受了邀请并与主办方签署了协议书之后，主办方可以向协办方提出建议，协助协办方组织厨师班子，并向协办方索取前来协办人员的名单。

A. 索取来参加协办美食节人员名单的意义

a. 便于主办方了解前来协办美食节人员的概况，借此可评估此次美食节的厨师水平；

b. 便于掌握前来协办美食节人员的技术特点，便于加强准备工作的进一步联络和跟进；

c. 便于酒店准备新闻稿件，于新闻发布会时派发给记者，使记者能够提前了解美食节的厨师队伍的力量，对于引起当地新闻界的重视可以起到很好的作用；

d. 便于主办方提前为协办方人员办理购买人身意外保险（入境）及办居停和工作的手续事宜；

e. 有助于协办方早日完成协办队伍的组建工作。

B. 前来参加协办美食节人员名单的内容

a. 姓名；

b. 年龄；

c. 性别；

d. 民族；

e. 主要职称（岗位名称）；

f. 主要专业经历及成就；

g. 身份证复印件。

⑤ 合作单位的费用预算

客厨从外地来到举办地会发生许多额外费用，在筹办美食节计划时都要列入预算之中。在筹划美食节初期，就要对协办方前来协办人员的数量进行预算。鉴于各方面的考虑，人数不可太多也不能太少，确定人员的原则有以下几个方面：

A．人数的确定的因素

a．出品操作的需要，根据举办美食节的规模，以保证美食节的出品、质量和供应数量配置人手；

b．举办方的预算费用承受能力（含食、住、补贴、交通等）；

c．协办方的生产经营承受能力，包括人力空间费用。

B．对客厨费用的考虑

客厨前来美食节举办地会发生许多费用，主要费用有：

a．交通费（含往返机票和车、船票）；

b．住宿费用；

c．膳食安排；

d．日常驻勤补贴；

e．派出单位的损失费；

f．客厨休假费用；

g．客厨驻勤期间的意外及人身保险；

h．客厨洗衣、电话及其他费用；

i．客厨的当地参观考察费用（为了表示感谢，在美食节结束后，主办方会组织客厨的全部前来协办人员进行一次当地主要景点的旅游）；

j．赠送的礼品（纪念品）费用（为了表示对协办方的感谢，在客厨离店前举办方会组织一次恳谈会与客厨一起总结美食节的效果，并颁发感谢信及纪念品）。

以上各项费用举办方都要负责支出的，但是人数的确定要由双方进行协商确定。

四、与美食节产地著名餐饮企业的合作方式

与美食节产地著名餐饮企业合作有多种方式可以选择，比较常见的方式有以下四种。

1. 甲方（举办方）获得经济效益，乙方（协办方）获得社会效益

有许多著名餐饮企业或酒店，特别是全国或国际连锁企业，都十分注重企业的社会效益，每年甚至投入很多资金做市场宣传，而与外地城市的酒店合作举办美食节也是他们进行市场推广和宣传的一种方式。在这种合作方式下，协办方所要求的是主办方的社会知名度和广告推广的投入，以及媒体对美食节的曝光度，双方具体的投入可以通过协商达成一致，可以是协办方的费用全部由自己承担，也可以承担一部分。但是对主办方的要求则是全部广告都要加注该协办单位的名称，或确定具体的曝光次数，或承担部分协办方的额外费用，如交通、食宿或误工补偿等等。

2. 甲方（主办方）出资主办美食节并承担乙方（协办方）全部的各种费用

这是一种完全邀请式的美食节举办方式，乙方只是作为对员工奖励的一种偿付方式，乙方并不需要获得任何经济利益，也不希望支付任何实际性的费用。这种方式，给甲方形成的成本费用比较大，会形

成一定的经营压力，对甲方来说，在美食节举办之前就必须做好详细的测算。这种合作方式一般是在为某种特别时髦或潮流特色菜而举办美食节的一种合作方式，目前社会上比较流行的是这一种方式，本书也是以这种方式为主而展开论述的。

3. 双方合作并承担各自的费用，风险共担，利益共享

这种合作方式是在甲方对乙方的美食市场吸引力有所保留的情况下采用的一种合作方式，关于乙方投入的费用，可以作各种不同的选择。例如：全部厨师的交通食宿费用、主要材料的购置、部分或全部广告费用等等。这些费用分担的程度要根据利益和风险的大小而定，双方的利益分配也是根据各种费用和风险承担的比例而确定的。大多数情况下，是在全部的费用之后，利润按比例分享，具体的分享比例需要经过双方的协商而确定。

4. 乙方主办、乙方租赁或承包甲方的场地

这种形式是在乙方对甲方地区的市场比较感兴趣，而且在经营服务和管理方面具有很大的实力。这种合作方式的难度比较大，一般是在长期租赁或承租并经常性地举办美食节的情况下所采取的方式，如果仅仅是做一两个的美食节而采用这种方式，无疑会使举办方劳民伤财，得不偿失。目前采用这种形式经营美食节的案例尚不多见。

第三节 美食节的财务预算

本书前章已反复强调我们这里所说的美食节都是以赚取利润、获得经济效益为主要目的的一种饮食推广活动，这就必须对美食节全过程的各项费用精打细算，在美食节的筹备期间就要对所有指标作出预算，尤其是各项财务指标的预算。

一、成本预算

成本预算的指标数据可以从两个方面获得，一个是从前章的经营预测结果中得来，另一个是根据酒店核算或计划的毛利率中获得。例如，多数酒店餐饮部门都会设立一个毛利率指标，这个毛利率指标的确定，一般是参考同等城市以及同星级酒店的毛利率，再结合本酒店以往的毛利率求得一个平均数，作为酒店确定的政策性毛利率。为了准确起见，也可以将酒店本年的毛利率加上上次美食节的毛利率求得一个平均值。例如：

（上年度酒店平均毛利率＋上次美食节毛利率）÷2＝平均毛利率

由毛利率通过公式得到：

$$1-毛利率=成本率$$

另外，根据预测的营业收入乘以成本率就可以得到基本的成本总额，即：

$$营业收入\times成本率=成本额$$

以上得到的成本数额仅是平均数额，由于每次美食节出品产地不同，美食节中的外地采购食品原材料的数量和价格以及运输费用都是不一样的，为了使预算更加准确，还可以将初步预算的成本数量与上次美食节的成本数额进行比较计算出变化率，然后将变化率也计入预算之中。例如：

本次成本预算与上次实际成本比较表 （表 16）

本次美食节的初步预算数（万元）	上次美食节的实际成本（万元）	变化数（万元）	变化率
225	214.2	10.8	5%

核算本次美食节的成本是否准确，将主要外购原材料进行比较，美食节所使用的食品原材料及其费用主要有以下三个方面：

1. 外购原材料的费用

美食节的出品是以特色菜为主要卖点，这样就有许多当地没有的食品原材料需要客厨在产地协助采购。这部分的材料费用包括：原料购买费用、搬运费用、包装费用、长途运输费用、储存费用等等。

2. 本地原材料的费用

根据菜单要求的数量，分别计算出每日各种品种的平均需要量，乘以美食节举办的天数，再乘以原材料品种的单价。

3. 辅助原材料及调料的费用

美食节是以外地特色菜为主的美食推广活动，其主要的食品原材料和调料必须由美食原产地购入，但是还会有一部分次要的或辅助的材料和调料，本地可以购买到，这些材料和调料也是出品生产所必需的，并不会改变或影响出品口味和质量的，则可以从本地购入。

以上各项数据，经过核实便可作为美食节的成本预算。

二、费用预算

美食节的各项费用，在营业收入中也占有一定的比例，正常情况下，如果餐饮的毛利率在55%的话，那么各项费用一般会占用30%～35%，税金占5%，计划的利润占15%～20%，如果这个比例被管理当局认可，那么在了解到营业收入、成本、计划利润等准确数字之后，都可以用这种比例计算出初步的费用预算数据。当然，这个数据也可能与实际的数字有差距，因为美食节是一种临时的、外来食品，组织一次美食节就会有许多与平时的经营运作不同的额外费用。首先可以将这些费用列出来，再加上正常的比例的费用数额，这些费用的项目是：

1. 人工费用

A. 当地员工的人事费用，含工资及各项福利、保险的费用（虽然有客厨协助，但是当地员工依然要照常上班工作，在美食节初期要向客厨学习，后期要亲自制作）。

B. 客厨员工的其他费用（本章第二节所列明的各项费用）

2. 能源费用

包括水、电、煤气、燃油等在美食节期间分摊到美食节项目和经营中的费用。

3. 设备折旧费用

举办美食节期间，用于美食节的设备、设施的折旧费用。这些费用虽然很小，但也要根据使用的时间分摊。

4. 装饰费用

是指仅用于美食节推广项目的专项装修、装饰的费用。

5. 广告宣传费用（含设计费用以及媒体考察费用）

专门为美食节推广进行的广告宣传费用。

6. 印刷费用

为美食节而专门印制的印刷品的费用，例如宣传海报、宣传小册子、专栏作家的费用等等。

7. 通讯及行政费用

美食节及前后支出的各项通讯费用和行政项目支出的费用。

8. 洗涤费用

美食节期间，用于美食节经营的所有洗涤的费用。

9. 不可预见费用

在编制预算时，为了保证资金的储备，一定要有不可预见费用的预留。

三、收入预算

在编制收入预算时，可以借用本书第二章中市场预测的数据，这些根据常规预测出来的基本数据，在实际的运作中可能会有所变化，这个变化主要来自由菜单的定价而引起的人均消费额的变化，或者用餐人数的变化。另外，当酒店管理当局在进行量、本、利分析时，利润指标达不到预测的目标时，要么停办美食节，要么就需调整有关指标，包括人均消费和用餐人数指标，以保证利润不低于最低目标点。

四、利润预算

美食节的利润预算可以通过三种方法取得。这三种方法有简有繁，但是所获得的数据的准确性也有所不同，无论用哪一种方法来编制预算都有一定的参考价值。

1. 计划利润

也叫做目标利润，就是根据举办美食节的目标要求设定一个利润指标，这个指标确定后，再将其他指标层层分析，推算出与之相关的其他指标。

例如，我们设定餐厅与利润相关的各项指标的比例关系是：

利润：15%

税金：5%

成本：40%

费用：35%

其他：5%

那么，营业收入为 100% ，即

营业收入 = 成本 + 费用 + 税金 + 利润 + 其他 = 100%

= 40% + 35% + 5% + 15% + 5%

当确定了利润指标后就可以按照这个比例推算出必须完成的营业收入。例如：某餐厅拟定于在某个月举办的美食节设定利润目标是 50 万元，那么，先计算出利润的 1% 所需的营业收入是多少：

50 ÷ 15% = 3. 33 （万元）

即：每完成 1% 的利润是 3. 33 万元。由此得到这个美食节所需要完成的各项指标是：

营业收入是：3. 33 × 100 = 333. 33 （万元）

食品原材料成本是：333 × 45% = 149. 85 （万元）

费用是：333 × 35% = 116. 55 （万元）

税金：333 × 5% = 16. 65 （万元）

其他费用：333 × 5% = 16. 65 （万元）

这种根据指标推算的方法是一种快捷的推测方法，省时省力，由于准确度相对低，比较适合预测某项活动的效果，但作为预算推测有所不足，可以作为估算某一项活动的初步参考指标。

2. 预测利润

我们在第二章第四节讲过，在进行市场预测的过程中，要进行一项叫做经营效益的预测，目的是得出一个经营效益的基本数据，用它与日常的经营结果比较，如果这个指标大于日常指标，就值得做美食节的推广活动；如果这个指标低于或相同于日常经营的指标，就没有必要去做这个美食节。

这个预测数据是根据日常经营的客流量、人均消费数量与上次美食节经营中实际的客流量、人均消费数量比较而计算出来的。得出来的预测值要比计划利润的指标准确得多，在没有其他更多、更详细的历史资料的情况下，可以作为预算数据。

但是由于酒店日常的经营和前次美食节都存在着季节、气候、社会经济环境以及美食产地不同的差异，会与将来的美食节实际发生的利润情况略有差异。

3. 计算利润

由于美食节是一个短期的美食推广活动，在美食节的筹备工作到了编制预算的阶段，许多资料和数据已经收集到一定的数量，尤其是有关成本和费用的清单已经有了实际的数额，基本上可以满足编制预算的程度，这个时候，如果根据市场预测，利用美食节“量、本、利”的关系计算出美食节的利润指标，就会更加准确，并作为指导、核定营业收入的指标，以确保美食节的经营可以获得切切实实的利润，这个方法也可以称作“量、本、利”分析法。

“量、本、利”分析法，是指产量、成本、利润分析法，即是通过分析经营活动的成本—销售数量—利润之间的依存关系所形成经营活动的利润结构，掌握盈亏变化的根据，指导我们选择最小的成本和费用，生产出最多的产品，使经营活动产生最大的经营效益。

盈亏临界点分析，就是分析在美食节的经营活动中需要达到什么样的业务量水平，才可以补偿美食节的所有成本，正好够本或者叫盈亏相依；完成预期的利润，需要将成本和费用控制在什么水平，将营业额保持在什么水平之上。

用公式表示：

BE = FC/（SP – VC）

其中：

FC 表示固定成本。

SP 表示单位产品售价。

VC 表示单位产品的变动成本。

以上的临界点公式其实是美食节经营中各种变量的相对平衡公式。

当美食节的销售量低于此点时，就会发生亏损；当超过此点时就会盈利。如果将预期的目标利润代入公式，就可计算出美食节与利润相关的各种成本和费用数。

第四节 举办美食节的请示报告

在与客厨取得联系，双方取得合作意向之后，作为主办美食节的主要单位——餐饮部，要向酒店管理当局写一份详细的请示报告（可行性研究报告），由管理当局审批，作为美食节各项协议签署的依据。美食节请示报告的基本内容框架如下。

一、举办美食节的目的和意义

（1）目的

（2）意义

二、举办美食节的必要性

（1）树立酒店餐饮形象

（2）巩固市场地位

（3）创造经济效益

三、举办美食节的可行性分析

（1）市场分析

（2）效果分析

（3）费用和成本分析

（4）合作方的基本概况及协办美食节的优劣势分析

（5）收入效益分析

四、美食节的准备情况

（1）时间及地点

（2）对客厨单位的要求

（3）酒店各部门的协助与支持

包括：财务部、人事部、管家部、工程部、保安部、前厅部、公关部、餐饮部等等。

（4）各项资料的收集及准备

①统计表格

②统计定义的说明

③统计资料的用途

五、美食节的其他安排

（1）客厨的安排

①人数

②交通

③住宿

④餐饮

⑤其他

（2）物品采购的安排

①当地原材料的采购

②外地原材料的采购

③特殊用品储存空间的安排

（3）新闻媒体的安排

①新闻发布会

②广告刊登（包括店内广告和店外广告）

③专栏作家接待

④新闻稿的准备

（4）酒店的氛围布置和装饰的安排

①大门

②大堂

③餐厅门口

④餐厅内部：墙面、地面、台面

（5）员工的服饰安排

六、综合意见和建议

酒店高层收到此份请示报告后，会组织专门的会议，收集各有关部门的意见，在没有大的分歧意见的情况下，由总经理签字批准，各有关部门则按总经理的批示做好各自的支援工作。

第五节
美食节的准备工作

美食节的主题一旦确定，并经酒店管理当局批准，酒店即可与协办单位签署正式的合作协议书，之后，此项工作就是以合同的形式确定下来，此时酒店的主管部门（一般为餐饮部）就要制定一份详细的实施计划，报经酒店管理当局批准并由酒店各有关部门在规定的时间内分头实施完成。计划的主要内容举例如下。

香港某酒店某年10月西班牙美食节筹备计划进度表

（表17）

工作项目	完成期限	跟办部门
1. 市场调查	4月1日前	餐饮部
2. 构思美食主题	5月1日前	餐饮部
3. 落实美食节主题	6月1日前	餐饮部
4. 联络合作单位	7月1日前	餐饮部
5. 向协办酒店发出邀请函	7月15日前	行政部
6. 与协办单位签署合作意向书	7月20日前	餐饮部

（续上表）

工作项目	完成期限	跟办部门
7. 酒店美食节的请示报告	7月23日前	餐饮部
8. 酒店管理当局批复意见	7月28日前	餐饮部
9. 与合作单位签署合作协议书	8月5日前	餐饮部/行政部
10. 落实客厨到港时间	8月1日前	餐饮部
11. 客厨的机票安排	8月2日前	餐饮部/行政部
12. 寻找赞助商	9月15日前	酒店各部门
13. 由客厨提供美食节菜牌包括材料及制法	8月15日前	餐饮部
14. 由客厨选出推介菜式并提供相片连底片发送新闻稿用	8月26日前	餐饮部
15. 向领事馆借装饰品	9月1日前	公关部
16. 宣传品设计大纲	9月9日前	公关部
17. 完成宣传单张的制作	9月1日前	公关部
18. 完成外墙横幅、海报等制作	9月1日前	公关部
19. 落实菜牌内容	9月6日前	餐饮部
20. 落实广告策略	9月9日前	公关部
21. 撰写宣传品内容（文字）	9月9日前	公关部
22. 发送新闻稿	9月1日前	公关部
23. 预订广告位	9月11日前	公关部
24. 完成菜牌制作准备复印	9月13日前	公关部
25. 确定新闻发布会日期	9月12日前	公关部
26. 通知主题国家在本地人员有关美食节的详细准备情况	9月16日前	公关部

（续上表）

工作项目	完成期限	跟办部门
27. 邮寄宣传单张	9 月 16 日前	餐饮部
28. 完成制作广告稿件	9 月 18 日前	公关部
29. 外墙横幅、海报等就位	9 月 19 日前	公关部
30. 发出记者邀请函到各报/刊社	9 月 20 日前	公关部
31. 发出食评家试菜邀请信函	9 月 20 日前	餐饮部
32. 食品原材料采购	9 月 25 日前	采购部
33. 客厨抵港安置	9 月 25 日前	人事部
34. 布置新闻发布会会场	9 月 30 日前	公关部
35. 举行记者新闻发布会	9 月 30 日前	公关部
36. 美食节正式推出并正常营业	10 月 1 日	餐饮部
37. 食评家试菜	10 月 3 日前	餐饮部/公关部/行政部
38. 市场统计	10 月 1 日后	餐饮部
39. 答谢客厨	10 月 12 日	餐饮部/行政部
40. 欢送客厨	10 月 13 日	餐饮部/人事部/行政部
41. 第二阶段美食节的正常经营与运作	10 月 13 ~ 11 月 15 日	餐饮部
42. 美食节总结	10 月 20 日前	酒店各部门

从以上表中可以看出，该美食节的准备是从 4 月 1 日开始的，而美食节的正式举办是 10 月 1 日，美食节的筹备历时 6 个月，主要由酒店内的四个部门承担准备工作，每项工作都有具体实践要求。

一、餐饮部需要完成的工作

餐饮部在美食节的整个筹备阶段承担牵头作用，在酒店上层批准之前的所有工作几乎都是由餐饮部负责进行的，在美食节运行的整个过程中，餐饮部的工作大体可分为以下四个阶段。

1. 前期准备阶段工作

前期的主要工作包括：选择主题，进行市场分析、选择合作单位并与合作单位签订合作意向书，向酒店总经理起草报告。

这些工作是由餐饮部的员工在不影响日常工作的情况下分头进行的。

2. 筹备阶段的工作

系指酒店管理当局正式批准确立项目以后到美食节正式开幕之前，这一段时间是餐饮部筹备美食节的关键时刻，餐饮部大约要准备六项大的工作，包括：与协办方签订正式合作协议，确定美食节的全部菜单并确定每一个菜肴的售价，落实酒店美食节的菜牌，确定新闻发布会的日期并准备新闻发布会展示的所有出品，验收美食节的原材料，配合客厨对餐厅楼面的所有服务人员进行美食节菜肴特点的培训。

3. 正常营业阶段的工作

一般美食节的营业周期至少在一个月至两个月之间，这段时间内，餐饮部厨房员工的主要任务一是要配合客厨每日的食品生产工作，二是要抓紧时间向客厨学习全部美食节的出品技艺，掌握各项特色食品的加工和烹饪方法。楼面的员工除了向客人提供全面的服务外，还要察言观色，了解客人对美食节每一个菜肴的意见和评价，包括色、香、味、形等等并及时反馈给厨房的员工。另外，还要对美食节的销售情况做许多资料和意见收集、统计、记录等工作。

4. 总结阶段的工作

美食节结束后，餐饮部要组织全体员工对美食节的运作进行总结，找出差距和不足，提出意见和建议，汇总在美食节期间的统计资料与财务部核算收益，进行各项成本核算，写出总结报告，上报酒店管理当局。

二、公关部需要完成的工作

公关部是酒店对外公共关系的“喉舌”，承担着美食节公共媒体宣传推广的重要任务，当酒店管理当局正式批准餐饮部的美食节请示报告后，公关部即应立即着手筹办本部门需要进行的各项准备工作。公关部筹办工作的主要内容可分以下三个方面。

1. 广告策划

美食节的广告预算应该包括在餐饮部上报给酒店管理当局的请示报告中，当酒店管理当局批准了餐饮部的美食节请示报告后，广告宣传的预算也在其中了。公关部根据批准的广告预算要与餐饮部共同协商选择广告媒体。在选择广告商时，要根据公关部了解的各媒体的发行数量、发行市场、层次、广告价格、刊登时间、版面、优惠条件等等进行权衡。根据各方面的条件，在初选广告商后，要制定出一个详细的广告宣传计划报酒店管理当局审批。

某酒店美食节媒体 1 月至 5 月的宣传推广计划（表 18）

年　月　日

媒体名称	广告尺寸	成本/费用（元）	广告次数（次）	折扣	实际支出（元）	5 月				
一、报纸						18	21	24	27	30
1. 报纸 A	9col＊7" B/w＋Red	10000. 00	2	50%	5000	x				
2. 报纸 B	9col＊8" B/w＋Red	18000. 00	3	特惠	12000	x				
3. 报纸 C	9col＊9" B/w＋Red	13405. 00	1	50%	6702	x				
4. 报纸 D	9col＊10" B/w＋Red	13405. 00	1	60%	8043					
5. 报纸 E	Q/p4c	8000	2	无	8000					
6. 报纸 F	Q/p4c	8500. 00	2	特惠	5600	x	x	x		
二、杂志										
7. 杂志 A	H/p4c	21500. 00	1	特惠	15000	x				
8. 杂志 B	H/p4c	6000	1	无	6000					
9. 杂志 C	H/p5c	7500	1	无	7500					
10. 杂志 D	H/p6c	8300. 00	1	特惠	5000	x	x			
11. 杂志 E	H/p7c	8500. 00	1	特价	6000					
12. 杂志 F	H/p8c	12800. 00	1	25%	9600	x	x			
13. 杂志 G	1/3 3p 4c	6500. 00	1	30%	4550	x				
总计		142410			98995					

2. 新闻发布会的筹划

美食节的新闻发布会是公关部的重头戏，所有的准备工作都要按部就班、逐项落实，包括新闻单位的联络和邀请，参会嘉宾的联络和邀请，新闻稿组织和制作以及会议的各项议程等等。会议的主持也要及早确定，以便于准备，尤其是请店外人员协助主持时，更应提前确定。不过现时大多数酒店的美食节新闻发布会多是由自己酒店的公关部主持。

3. 酒店装饰布置的设计与计划

在新闻发布会之前，公关部还需对酒店各公共场所的广告及装饰方案进行设计和审定。这些室内广告的设计可以由本酒店的美工人员完成，也可以承包给店外的专业广告设计公司完成。与此同时，酒店美食节需要使用的各种海报、宣传册、宣传单张都要设计印制完成，保证美食节的使用。

4. 新闻报道资料的收集

美食节的新闻发布会之后，各种新闻报道就会随之刊登出来。此时公关部的任务，除了收集各种报纸、杂志发表出来的美食节新闻资料和酒店订购的有关媒体广告之外，在美食节举办期间还要不间断地邀请一些著名饮食评论家前来试菜并撰写一些关于美食节的食品评论文章，将这些文章一并收集，装订成册，作为日后的宝贵资料。

三、人力资源部需要完成的工作

在酒店管理当局批准美食节项目后，人力资源部才开始准备自己所承担的工作，主要是在规定的期限内完成客厨到达酒店的各项安置工作，如果美食节的举办地在国内，则手续简便很多；如果美食节的举办地在国外和港澳台等地区，或者合作单位是国外的企业，人力资源部门最繁重的任务就是办理入境签证等问题。在美食节的项目确定后，客厨就是新闻发布会和美食节正式举办首期的主角，一旦入境方面出现任何问题都会直接影响到美食节的开幕。因此客厨入境工作来不得半点马虎。此外，客厨员工的意外保险也是人力资源部必须在客厨抵达前需要完成的重要任务。因为举办美食节本身的利润并不是很大，一旦客厨员工在美食节期间出现任何意外事故就要支付巨额的赔偿费用，致使美食节前功尽弃，甚至造成很大的亏损。因此，酒店必须转嫁这个风险，给所有客厨购买人身意外保险。除此之外，人力资源部的主要工作就是客厨生活安置问题，包括接送、食、住、行及各项补贴计划实施工作。为了便于工作，人力资源部最好掌握一份客厨住店期间活动安排表，以保证各项工作的落实。

某酒店美食节期间客厨活动安排表　　（表 19）

日期和时间	活动安排
14/3 周日	
05:15pm	接客厨（机场）
07:10pm	登记入住酒店
07:30pm	中餐欢迎晚宴
15/3 周一	
10:30am	早餐后试制服、参观工作场所及准备工作
01:00pm	A 周刊拍照
03:00pm	商讨菜单内容、用具配搭、厨房设备、使用采购物品等等
07:00pm	自助晚餐
16/3 周二	
10:30am	准备工作、涨发干料
7:30pm	上海菜馆晚餐、了解外地菜肴

（续上表）

日期和时间	活动安排
17/3 周三	
10:30 ~ 2:30pm	准备工作、涨发干料
06:00pm	日常工作、培训厨师
07:00pm	宴请报纸及杂志食家（主厨陪同）
18/3 周四	
10:30am	日常工作、培训服务人员
11:00am	A报访问主厨及领队
3:00 ~ 3:30pm	制作样板菜肴
3:30 ~ 4:00pm	参加美食节发布会、接受记者采访
6:30 ~ 10:30pm	美食节正餐正式开始
19/3 周五	
10:30 ~ 2:30pm	日常工作
3:00pm	电视台拍摄访问（一款汤、四款热菜、两款冷菜、一款点心）
6:00 ~ 10:30pm	日常工作
20/3 周六	休息及安排旅游观光活动
21/3 周日	半天休息及自由活动
6:30 ~ 10:30pm	日常工作
22/3 周一	
10:30 ~ 2:30pm	日常工作
7:30pm	宴请饮食专家共8人

（续上表）

日期和时间	活动安排
23/3 周二	
10:30～2:30pm	日常工作
6:30～10:30pm	日常工作
24/3 周三	
10:30～2:30pm	日常工作
6:30～10:30pm	日常工作
25/3 周四	
10:30～2:30pm	半天休息及自由活动
7:30pm	答谢宴会、赠送纪念品、颁发证书
26/3 周五	
10:30am	答谢仪式、欢送回程

四、财务部需要完成的主要工作

在美食节筹办的全部过程中，财务部都需与餐饮部紧密合作完成一系列的核算工作，其中主要工作有以下四大项。

1. 参与美食节的全部预算编制工作

对于曾经举办过美食节的酒店，此项工作相对容易一些，只要将美食节的主要费用按照以往的实际开支加以调整。而对于首次举办美食节的酒店，其工作量就会相对大一些，其预算编制的难度也会大一些，最好的办法就是借鉴曾经举办过美食节的同类酒店的预算资料，将自己编制的预算项目与同类酒店曾经发生过的费用相对照，编制出一份相对准确的预算。

2. 负责美食节全部食品原材料的采购工作

前面章节说过，酒店美食节是在不影响酒店及酒店其他餐厅正常运作的前提下所进行的一项额外的短期的美食推广活动，酒店采购部每天必须保证酒店营业中的各项正常采购工作，除此之外，再进行美食节食品原料清单上的各项食品原材料的选购。其中最大工作量就是外地食品原材料的替代品的采购。因为同一产品在不同地区的差异比较大，采购部必须与餐饮部协商一致，确定采购品种。为了保证食品的一致性，有时对一项食品样板要往返多次地寄送、鉴别、确认，直到原材料清单的产品得到全部落实为止。

3. 美食节前后各项成本和费用的核算

美食节各项成本和费用的核算贯穿于美食节的全过程，包括协办方代购各项食品原材料的报价、采购、托运、验收、入库、票据核销等等。在美食节开始后的营业过程中，财务部也要对美食节每日各项材料的进、销、存情况进行核算，编制每日报表，为餐饮部及其他有关部门和领导提供参考。

4. 编制美食节的收益报告

在美食节的营业过程中，财务部必须每天编制收益报告，包括简单的文字说明，向酒店的有关领导和餐饮部提供营业收益状况资料，以便各有关部门认真研究和掌握美食节的运作状况，及时发现问题，调整营业策略。

在美食节结束后，财务部要对美食节的收益情况进行核算汇总，写出收益总结报告报送酒店领导和各有关部门。

五、美食节的培训

1. 厨师的培训

美食节的关键岗位是厨师。因为一种外来的美食不仅对当地顾客是陌生的，对于当地的厨师也是一样。要想将一种陌生的菜系烹调得正宗、地道并不是一件容易的事，即使是在美食出产地的酒店和酒楼，也不是每家都可以把出品烹制到人人称赞的水平，这也正是我们要选择“百年老店”或者“著名食府”进行合作的重要原因。正是这个高标准的出品要求，给广大顾客带来了特殊的美食口味，但也给本店厨师带来了困难和挑战。前面已经讲过，美食节的举办期一般都在1~2个月，而合作单位的厨师最多也只能驻店半个月，剩下来的时间就要靠本酒店的厨师来完成。这样就要求本酒店的厨师在10~15天的时间内全部掌握美食节所推出的全部菜肴和食品，这样的速度和质量自然要来源于严格和科学的培训。

（1）厨师培训计划的制定

为了保证美食节的出品质量，酒店与合作方签订合约之后，就应着手制定厨师的培训计划，在制定培训计划前需要考虑的因素有：

① 美食的产地或区域；

② 该区域的自然环境和气候特点；

③ 该区域人们的饮食习惯和风俗；

④ 该地区饮食的主要特点；

⑤ 该地区主要饮食品种的特色；

⑥ 该地区菜肴的主要原材料特点；

⑦ 该地区烹饪的主要技术要求；

⑧ 该地区菜肴的特殊烹制方法；

⑨ 该地区菜肴烹制的特殊厨具、餐具和用具。

（2）厨师培训的主要阶段

一般情况下，美食节厨师培训要分成三个阶段。

第一阶段是饮食文化的培训。主要是了解美食节产地的饮食文化、传统、习惯、风俗、菜肴特点等等，厨师不能机械地按配方炒菜，而是要从文化上去理解某一种菜系的文化内涵，变被动为主动。这一阶段，主要安排在合作合约签订之后到菜单确定之前。

第二阶段是菜肴内容的培训。主要要求厨师了解菜单，包括菜名、各种菜肴的主要原材料、各种材料的特点、切配要求、造型要求等。这一阶段主要安排在菜单确定之后至客厨到达之前。因为客厨驻店时间是有限的，而客厨抵达后又有很多工作要做，不可能将过多的时间放在前期培训上，所以在客厨抵达之前酒店厨师必须要把前期的基础培训扎扎实实地完成。

第三阶段是操作实践的培训。客厨抵达后在入厨的第一天，要准备新闻发布会的展示菜肴，供参加美食节新闻发布会的嘉宾和记者参观、品尝。这是第一次给酒店厨师实际观摩的机会，让本店厨师见识新菜式的真材实料，接下来必须每天拿出一定的时间进行培训，例如每天开工前、下午收工后。

（3）培训方式

① 集中介绍，分发资料，学员自学

在美食节确定之后，酒店餐饮总监或行政总厨要将前期对该美食节考察及对拟举办美食节的文化特色的理解向厨师作深入的介绍，并将美食照片以及相关资料印发给厨师，让厨师们在规定的时间内阅读并理解。

② 集中讨论，提出问题，统一认识

在厨师们经过几天的学习之后，必定会因为大家的认识不同而产生这样或那样的疑问，因此，必须组织几次讨论会，让厨师们将疑问提出来，由行政总厨或餐饮总监统一解答。对于行政总厨或餐饮总监也不能解答的问题则必须通过电话、传真或电子邮件向对方请教。

③ 实地考核

餐饮总监和行政总厨将一些需要厨师必须掌握的内容编成问卷，组织厨师进行考试。这样一方面给厨师一定的学习压力；另一方面也会在酒店内造成一定的气氛，使大家对美食节引起足够的重视，增长厨师练兵的自觉性。当然这种活动并非厨房仅有，在餐厅的其他岗位也同样进行。

④ 菜肴理论技术培训

在完成编制菜单的工作后，要组织厨师对每个菜肴的组成原料、搭配数量、切配要求进行熟记，同时，对主要的原材料要进行实物辨认。为了确保厨师们牢记菜名、配方，也可将主要的菜名、原材料配比写在工作台的明显处，供厨师们随时学习、培训，使厨师们抬头就可以看到，随看随用，以保证在菜肴制作中不出现质量事故。

⑤ 实际操作培训

在实际操作阶段，本店厨师是根据客厨的人数分成小组，例如炉灶、砧板、点心、冷菜等等，采取人跟人的方法进行操作培训。这时的培训和实践可分四个阶段，每个阶段为 3 天时间。因为客厨的驻店时间虽说可以在 10 ~ 15 天，但是在美食节的开幕期间，客厨的主要精力要放在烹制菜肴上，因为只有精心烹制的菜肴才能保证质量。如果质量得不到保证或达不到预期的效果，后段时间就不会有更多的客人光顾。本店厨师的实际操作培训，基本上是3天一个阶段。

第一个阶段：是观摩阶段。这个阶段本店厨师以观摩为主，或协助客厨做一些下手的工作，从中了解客厨的基本操作，包括每一道程序的操作。例如：炉灶厨师要了解每一个步骤的环节、程序、火候、时间、调味的数量；砧板厨师要详细了解每个菜的切配要求，各种主料、配料、辅料的搭配数量；面点厨师要了解面点的各种制作技巧，各种面食加工的配比、硬度；冷菜厨师要着重了解各种冷菜的加工制作工艺，各种配菜的配比、搭配、调料的比例、装盘的造型等等。

第二个阶段：即美食节开幕第四天到第六天。这个阶段是厨师们的操作学习阶段。炉灶厨师要在客厨的指导下亲自上灶烹饪，烹饪的顺序应该先易后难，先简后繁。在制作的过程中，由客厨检验出品的质量，把握出品的全过程，避免出现差错。砧板厨师要亲自切配各种菜肴，并由客厨检验每一份菜肴的切配情况，出现差错及时指正调整。面点厨师在客厨的指导下，与客厨一起制作点心，亲自加工基本食品，并与客厨的出品进行比较。在这一个阶段，前两天是以客厨为主，后两天是以本店厨师实践为主。

第三个阶段：即美食节开幕后的第六至第十天。这一阶段是本店厨师操作实践的阶段，这时本店厨师基本掌握了美食节食品的基本操作要领和技能，可以独立制作菜单上的菜肴，但是在某个环节上还有达不到标准或不够熟练的地方，需要客厨加以指点和纠正。这一阶段，客厨随时指导上灶厨师的每一个动作，对于每一个出品都要严把质量关。这一阶段结束时，无论炉灶、砧板、冷菜或面点的厨师，都要在客厨离店前进行一次测评。

第四个阶段：客厨离店之后的实践阶段。此阶段美食节的全部出品均由本店厨师自己加工制作。在此阶段对本店厨师出品的检验，除了有行政总厨外，就是客人的检验。我们知道，酒店举办的任何美食节，都会有很多美食产地的家乡人前来捧场，他们是最好的老师，也是最好的推销员，如果你的出品做得好，他们会一传十，十传百地为你宣传推广；如果你的出品达不到要求，他们也很快为你宣传出去。因此，这一阶段的餐厅服务员要密切关注客人的反应，尽量与厨房取得交流和沟通。对于热心顾客提出的菜肴质量方面的意见，厨师应在可能的情况下来到厅面与客人交流，听取意见，改进和提高厨艺，获得顾客的支持和认可，保证美食节的出品能够按照既定的目标完成。

2. 服务人员的培训

(1) 餐厅服务人员的培训计划

① 培训时间

美食节方案经酒店总经理批准之日起至美食节总结完成之时。

② 培训地点

有条件的酒店可以选派少量主要人员前往美食发源地的美食节合作单位进行短期考察培训，一般情况下培训的主要地点还是在举办美食节的餐厅。

③ 培训内容

A. 拟举办美食节的产地饮食文化；

B. 拟举办美食节的美食特色；

C. 美食节项目的服务要求；

D. 美食节的现场推广技巧；

E. 美食节的资料统计。

(2) 美食节服务人员的培训方式

酒店美食节服务人员的培训方式有以下几种：

① 请进来

A. 邀请合作单位的员工来考察酒店美食节环境的同时为员工进行美食文化、特色及服务要求的培训。

B. 请行政总厨培训，主要是培训美食节厨艺的基本知识、基本特色、特别口味。

② 走出去

派遣酒店美食节调研小组，或利用酒店优秀员工奖励旅游等机会，组织员工前往拟举办美食节地区感受当地的饮食文化和饮食习惯，增加相关的美食知识。

③ 自行培训，资料阅读、研讨。

（3）培训内容

① 美食节产地的饮食文化、风俗习惯、饮食特点。

② 美食节产品的基本特色，色、香、味、形和服务要点。

③ 菜牌上的菜式特点，包括宴会、套餐、招牌散点、热菜、冷菜、汤羹、面点特色，各种菜肴的名称、主要材料及特点，主要烹饪方法。

④ 美食节出品的服务

各种菜肴的用法及习惯、服务要求，特殊餐具、用具的使用。

（4）餐厅推广培训

包括招牌菜的推介。顾客在就餐后的反应，顾客比较集中的菜肴、口味及品种的最佳搭配建议。

① 美食节顾客反应的收集。

② 顾客数量、来源、推荐等有关资料的收集。

第四章
美食节的出品与定价

菜单是酒店美食节的运作指南，
它不仅仅是客人了解美食的窗口，
也是酒店美食节内部操作的工作指引。
从出品的设计、菜肴的搭配、
物料的选购以及菜肴的文化内涵、
甚至菜肴价格的制定，都离不开菜单。
本章重点介绍菜单的制作过程和要求以及菜肴价格确定的主要原则。

第一节 美食节菜单的制定

美食节是一种全新的外来口味的美食推广，因此美食节菜单主要由行政总厨负责策划。有的酒店因行政总厨是由西餐总厨担任，如果是举办中餐美食节，就应由中餐主厨协助行政总厨策划菜单；如果行政总厨是中餐总厨担任，而举办的是西式美食节，那么同样也应由西餐主厨协助行政总厨策划菜单。也有的酒店是餐饮总监主持策划菜单。菜单是决定美食节能否成功的一个重要因素，在此阶段之前，美食节的准备只是停留在文字和口头上，在菜单的编制阶段才可以真正看到有什么菜可在美食节中展示出来。如果菜单上体现不出美食的特点，则美食节主题的可行性就值得怀疑，那么有关美食节的主题就要重新审议。正常情况下，这种现象是很少出现的。

美食节菜单的制作过程有以下步骤。

一、确定出品的种类

当主办方与协办方的协议签署后，前来参加协办美食节的客厨人员名单即会由协办方确定下来，主办方的行政总厨会针对美食节的菜单与协办方的行政总厨进行协商，协办方的厨师（也叫“客厨”）名单确定后，协办方会指定一名领队负责客厨的管理并与主办方协调工作。在菜单的协商过程中，主办方的行政总厨则会根据美食节的宗旨和最初目标向协办方提出菜单要求。最初的菜单方案，只是框架性的，主要内容还要由下列要求决定。

1. 主办方提出初步的菜单框架要求

主办方根据本酒店的市场需求向协办方提出简单的菜系介绍和初步框架的品种要求。菜系介绍主要提供菜系的特点和发展过程、风味和品种的优势，供主办方检验市场和对外宣传用；而菜单框架则是美食节所需要的具体内容，包括菜单品种要求、菜式要求、数量要求、档次要求等等。主要框架品种和数量的内容可按如下要求提出：

（1）小菜（冷盘）共计10~15款，其中鸡、鸭、鱼、肉、菜各是2~3款；

（2）热菜，共计20~30款，其中鸡、鸭、鱼、肉、菜及特殊食品2~3款；

（3）汤菜，共计5~8款，其中高档、中档、低档各2~3款；

（4）点心或粉、面食共计8~10款；

（5）宴会套餐菜单2~3款，分高、中、低的档次；

（6）对各种特色菜制作方法的详细介绍。

2. 协办方提供初步菜单

在接到主办方的框架要求后，协办方会根据主办方的意见，列出一份专门为此次美食节而编制的菜单，发送给主办方挑选。这份菜单会比主办方要求的数量多一些，主办方会根据需要进行挑选。如果可能，最好提供照片或简单介绍，也可以提出建议菜价。协办方在提供菜单时，尽可能多地提供具有一定地方特色或特殊泡制方法的菜肴，因为美食节的最主要内容是协办方的属地菜（也叫“特色菜”），有些当地的农家小菜或街边小菜平时在属地很不起眼，到了主办地经过包装也会身价倍增，成为抢手菜。如果有可能，最好注明原料要求并按产地作出第一选择和第二选择的编号。

3. 主办方筛选菜式品种

主办方根据本地的具体情况，对菜式进行选择，选择的方法有：

（1）试菜

在可能或在条件允许的情况下，主办方可派人到协办方属地进行实地考察，到协办方的餐厅对初步确定的菜式进行实地品尝、观赏，并可当场确定拟选的菜式品种。这是一种最简单和有效的方法，但是这种方法由于时间限制，只能品尝几项最重点的特色菜。另外由于这种方法费用太高，如专程到协办方酒店所需要的交通、住宿及其他各项费用太大，对于主办方的成本构成负担。因此在考虑这种方法时，要根据各酒店具体情况而定。目前，大多数酒店不采用这种方法。

（2）根据协办方厨师的推荐确认

这种确认具有一定的风险。即双方的地区差别比较大，口味也不同，对菜式的评价会有一定的差别，尤其要注意的是菜系中存在特殊味道的主料或调料的菜肴时，例如川菜中的麻和辣、印度菜中的咖喱、西班牙生硬的海鲜饭、江浙沪地区的臭豆腐等等，可以让协办方提供照片及各种辅料的说明，主办方据此进行分析和确定。另外主办方要做好菜式的修改准备，即如果协办方提供的菜式确实不能满足主办方或当地客人的饮食要求，但是此菜式已经列在印刷的菜单上了，则在客厨到达后根据具体情况与客厨共同研讨改变或调整烹调方式和搭配，使其能够适应当地客人的口味。

（3）根据相关资料确定

目前是信息发达的时代，各地的美食节都可以从各种资料、书籍及互联网上收集到对各种地方菜式的描述，而且都比较详细，主办方可以根据描述对照本地消费者的饮食特点进行选择。也可以要求客方对特别菜式的加工过程和出品效果进行录像或拍照，通过互联网发送给主办方供参考选择。

4. 双方对菜单进行再研究

（1）主办方初步选择或修改后的菜单品种，再次传给协办方征询意见，加以修改调整或增减。

（2）可以就未能满足的菜式或品种，要求协办方再推荐或提供补充，进行再次选择，直到双方满意为止。

二、菜单的确定

美食节的推广，其实是一种全新菜式的推广，其菜单要按照美食节的内容和特点进行编排设计。美食节菜单的设计要与酒店季节菜单的标准一样，要有几个完整的系列，包括以下几个系列内容。

1. 冷菜系列

一般冷菜系列，主要是小菜，而地方小菜在品种上是较多的，也比较容易反映特色。但是作为外地的小菜，又不可能全部搬来，所以最起码要凑足正常的摆设并能够达到有所选择的要求，例如，一般宴会菜单可以有六小碟或八小碟的要求，即小菜品种最好不少于10～12个品种，而且可以达到上宴会的质量水平。如果确实不能满足要求，要用当地的菜式替代的话，最好也要用协办方的菜式制作方法制作。如果协办方的市场可以购买到成品包装的小菜是最好的，品种、款式多几样也无妨。

2. 热菜系列

热菜系列是美食节的重头戏，其内容既要品种多，又要有特色，主要的品种排列可以按以下排列分类：

（1）鸡、鸭、鱼、猪、牛、羊肉系列。

（2）海鲜、河鲜、山珍特色系列。

（3）炒、炖、煎、炸、蒸、煮、煲菜肴系列等。

3. 汤羹系列

汤羹是整个饮食过程中的一个不可缺少的环节，汤羹品种的选择要根据美食节的举办地点而定，因为不同的地区有不同的饮汤习惯。我国南方地区比较讲究以汤进补，以煲汤为主，而北方地区讲究以汤调味，多以熬汤或烧汤为主，但是无论用什么方式，在品种上均应有高、中、低档次的汤羹，以供客人选择。

4. 点心、饭面、甜品系列

这个系列也是美食节比较有特色的品种之一。点心的品种多种多样，但不外乎甜点、咸点、素点、面饭等，点心的制作方法比较简单，花色品种繁多，比较容易体现特色。协办方可提供米、粉、面等多项有特色的品种。

5. 宴会或套餐系列

包括双人、四人、六人或十人餐。每个美食节都应要求协办方按照高、中、低档次各出一至两款套餐菜单，菜单的档次是以价格来衡量的，一般来说，三款宴会套餐的品种是不同的，可供客人分次品尝。

以下是2004年香港京华国际酒店举办的杭州美食节的菜单，主办和协办单位先后往返五次修改，最后达到比较完美的结果。

杭州美食节协办方提供的菜单样板

（建议推介的部分特色菜）

（一）杭州风味冷菜类

1. 杭州熏鱼　主要原料：草鱼净肉200g
　　主要调料：酱油、沙司、糖、干红椒、香叶、茴香、桂皮

2. 素烧鹅　主要原料：豆腐皮150g
　　主要调料：酱油、糖、干辣椒、茴香、桂皮

3. 桂花蜜藕　主要原料：桂花糖25g、莲藕300g、糯米100g
　　主要调料：饴糖

4. 杭州醉鸡　主要原料：净鸡250g
　　主要调料：汾酒、盐、味精、香叶

5. 虾油肚头　主要原料：肚头1只
　　主要调料：虾油露

……

（二）杭州传统名菜

1. 宋嫂鱼羹　主要原料：草鱼500g、冬笋250g、香菇50g、火腿丝25g、蛋1只
　主要调料：美味源老抽、盐、味精、美国辣椒仔、米醋

2. 油爆大虾　主要原料：大河虾400g
　主要调料：酱油、老酒、沙司、糖、米醋

3. 西湖醋鱼　主要原料：草鱼650～700g
　主要调料：酱油、糖、醋

4. 东坡肉（块）　主要原料：五花条肉250g
　主要调料：老酒、糖、酱油

5. 干炸响铃　主要原料：四乡豆腐皮1包、肉末75g、鸡蛋1只
　主要调料：沙司

……

（三）杭州风味热菜类

1. 锅仔鲈鱼　主要原料：鲈鱼600g、酸菜150g、草菇35g、西芹75g、柠檬100g、干竹笙25g、红椒少许
　主要调料：盐、味精、辣椒仔

2. 九珍鳜鱼　主要原料：鳜鱼600g、柠檬150g
　主要调料：皁县辣豆瓣酱、杭州豆瓣酱、老抽、蚝油、糖、味精

3. 凤蛋鳜鱼　主要原料：鳜鱼600g、凤蛋250g、番茄150g
　主要调料：盐、味精

4. 海皇鱼丸　主要原料：净鱼茸300g、净目鱼50g、水发鱼肚100g、海参50g、海虾仁35g、红椒35g、青椒35g

主要调料：盐、味精

5．鱼米之乡　主要原料：净鱼茸250g、蛋1只、玉米50g、松子50g、西兰花250g

……

（四）汤羹类

1．美味开胃羹　主要原料：金针菇1罐、鸭血1块、豆腐1盒、笋丝150g、香菇丝50g、鸡蛋1只、红椒少许

主要调料：盐、味精、酱、美国辣椒仔、醋

2．珧柱冬茸羹　主要原料：干贝50g、冬瓜1000g、鸡蛋1只

主要调料：盐、味精

3．太湖银鱼羹　主要原料：银鱼200g、蛋1只、笋丝758g、火腿15g

主要调料：盐、味精

4．青豆鱼米羹　主要原料：青豆100g、鱼茸150g、蛋1只

5．鲫鱼萝卜丝汤　主要原料：鲫鱼400g、萝卜250g

……

（五）点心类

1．甜主食

（1）糯米素烧鹅　主要原料：豆腐皮2张、糯米500g、豆沙50g

（2）南瓜饼　主要原料：糯米粉200g、南瓜200g、糖150g

（3）吴山酥油饼　主要原料：面粉500g、猪肉350g、糖粉50g

（4）开口笑　主要原料：面粉300、糖100g、猪油100g

（5）油煎饼　主要原料：糯米粉500g、糖100g、芝麻屑50g

2．咸主食

（1）煎饺　主要原料：面粉250g、猪肉150g、韭菜250g

(2) 小笼包　主要原料：面粉150g、梅肉250g

(3) 水饺　主要原料：面粉150g、猪肉100g、韭菜150g

(4) 猫耳朵　主要原料：面粉250g，香菇、珧柱、火腿、鸡肉、虾仁各25g

(5) 萝卜丝煎饼　主要原料：糯米粉250g、萝卜250g、梅肉50g、虾米50g

3. 糖水

(1) 桂花栗子羹　主要原料：栗子1瓶、桂花糖2匙

(2) 酒酿丸子　主要原料：酒酿1盒、糯米粉300g

(3) 西湖藕粉　主要原料：藕粉1包

(4) 红枣莲子银耳羹　主要原料：红枣100g、莲子10颗、银耳50g

(5) 赤豆汤　主要原料：赤豆250g、糖200g

每席10人分量

……

三、各种菜肴的典故介绍

许多地方名菜及其特殊的演变过程都会有一些当地人比较熟悉的典故，这些就是活生生的饮食文化，这也是人们所关注的重点。有些酒店也会把这些典故印成小册子或者印成宣传海报，张贴在适当的场合或地点。值得注意的是，这些典故一定是要在社会上有流传或有记载的，不可以是临时人为编造的。最好在菜单的页面上穿插或编辑出来，使客人阅读菜单时就可以看到，以增加客人的兴趣和食欲。例如在举办杭州美食节时，协办方提供的菜肴典故介绍都是社会流传的脍炙人口的经典故事。

杭州美食节协办方提供的特色菜肴典故介绍

砂锅鱼头豆腐

此菜又称“鱼头豆腐”，为杭州的传统名菜。成菜具有鱼脑滑润，鱼肉肥美，豆腐细嫩，汤醇味厚的特点。相传，有一年乾隆下江南来到杭州，微服私游吴山，恰遇大雨，躲避于半山腰一户人家的屋檐下，又饥又冷，便推门入室以求午餐。屋主王小二是饭店伙计，见状把家中仅有的一块豆腐一半用来烧菠菜，一半与一个鱼头放在砂锅中炖了，送给乾隆食用。

乾隆回京后念念不忘这顿美餐，当再次来杭州时，为了答谢王小二留餐的盛情，乾隆赐银助他在吴山脚下开了一间“王润兴”饭店，又亲笔御书“皇饭儿”三字，专门供应鱼头豆腐等菜。经过王小二的精心经营，生意十分兴隆。有人为此题曰：“肚饥饭碗小，鱼美酒肠宽。问客何处好，豆腐烧鱼头。”自此，“鱼头豆腐”成为经久不衰的传统名菜。

龙井虾仁

龙井茶叶，为我国四大名茶之一，唐代《茶经》一书就有记述。元虞集在游龙井时，曾写诗赞美：“烹煎黄金茶，不取谷雨后。同来二三子，三咽不忍嗽。”龙井茶以“色绿、香郁、味甘、形美”四绝著称。

相传，乾隆皇帝下江南时，恰逢清明时节，他将当地官员进献的龙井新茶赐给御膳房一部分。当时御厨正在烹炒“玉白虾仁”，闻到皇帝赐的茶叶一股清香，不忍自饮，随手撒进炒虾仁的锅中，做出此道名菜。“龙井虾仁”取用清明前龙井新茶与时鲜的河虾烹制，具有色如翡翠白玉，透出诱人清香，食之极为鲜嫩的特点，是一道有浓厚地方特色的杭州传统名菜。

西湖醋鱼

相传，古时西子湖畔住着宋氏兄弟，以捕鱼为生，当地恶棍赵大官人欲占其嫂，杀害其兄，又加害小叔，宋嫂劝小叔外逃，行前烧鱼菜为小叔饯行，其间多加糖加醋，意喻“将来如有出头之日，勿忘百姓辛酸”。后来，小叔得到功名，回乡除暴安良，但宋嫂已逃遁无处寻找，后偶然在官友宴会上又尝到这一甜酸味的鱼菜，终于找到了隐姓避难的嫂嫂，叔嫂终得团聚。后人传其事，仿其法烹制，成为杭州风味名菜。又据史料记载，1929 年西湖博览会前，杭州城里供应的“五柳鱼”和“西湖块鱼”与《随园食单》中记载的“醋楼鱼”相似，后来经改进又出现了“醋熘全鱼”。解放后，才改名为“西湖醋鱼”。

此菜在鱼菜中独树一帜，以鲜活草鱼为原料，烹制前一般要在水中饿养两天，使其排泄体内杂物，除去泥土味，并且要求活杀现烹，不着油腻的烹调手段。

宋嫂鱼羹

此菜是南宋时的一道名菜。南宋迁都临安（今杭州），当时有一老妇，人称宋五嫂，她也从东京（今开封）逃难来杭州，同小叔一起在西湖边捕鱼为生，相依为命，勉强度日。一日小叔患病，一连几天卧床不起。宋嫂为使小叔开开胃口，就将未卖出的新鲜鱼加姜、酒、椒、醋等作料，烧制了一碗鱼羹，结果此鱼羹特别鲜美，不但使小叔胃口大开，而且也迅速恢复了健康。后来南宋皇帝游西湖，听说此事，召见宋嫂，品尝了她做的鱼羹，大加赞赏，并赐金银绢匹。从此，宋嫂鱼羹“人所共趋”，成了当时杭州城的“名家驰誉”者。

历代厨师不断研制提高此道菜的质量，配料更为精细讲究。现在的鱼羹色泽油亮，鲜嫩滑润，味似蟹肉，故又有“赛蟹羹”之称。

东坡肉

北宋元祐年间，苏东坡（1036～1101年）第二次到杭州任职，发动民众疏浚西湖。在大功告成时，他把百姓馈赠的猪肉、绍兴黄酒等礼物，命厨师按他总结的烧肉方法“慢着火，少着水，火候足时它自美”烹制成佳肴，连酒一起送给民工们品尝。他的厨师在烧制时，把“连酒一起送”领会成“连酒一起烧”，结果，烧制出的肉更加香酥味美，食者皆盛赞此肉别致、可口好吃，故有“东坡肉”之说。如今，有许多地方把“东坡肉”看作是本地名菜，如四川、湖北等地，皆各有理由。但从制作特色看，浙江更加典范。当代厨师承前贤之经验，用浙江名产绍兴酒代之“少着水”，其成品油润柔糯，味美异常，盛器古朴优雅，为公推的杭州第一名菜。

叫化童鸡

此菜为杭州传统名菜。相传，古时候有个叫化子，饥寒交迫，无奈中偷来一只母鸡，可又缺锅少灶，就用泥巴将鸡涂包，放在柴火中煨烤。出乎意料，鸡被煨烤得香味四溢，滋味别致。后来这一泥烤技法传入饭店酒楼，经厨师们的研制改进，在煨烤的泥巴中加入绍兴酒中沉淀的酒料，选用优良的“越鸡”，在鸡腹中再填充佐料，裹以西湖荷叶烤制，使荷叶清香和母鸡的鲜香融为一体。成菜鸡肉酥嫩，香气袭人，蘸以花椒盐和辣酱油食之，更觉风味奇佳。

四、确定食品原材料的采购方式

美食节的目的是为了引进新的菜式，调节顾客的口味。所谓新的菜式，就是本地没有的、相对独特的菜肴，这样就必然会存在食品原料的采购问题。当然无论是从美食节的成本还是便利程度来说，如能在本地采购到的则尽量在本地采购，实在不能在本地采购的才到外地购买。大凡美食节的特殊菜肴一般都很难在举办地买到，否则就不是什么特色菜了，对于需要在外地采购的原材料在确定食品原材料的采购方式时，需要遵循以下几个原则。

1. 确定和统一食品原材料的名称

在确定菜肴品种期间，主办方一定会要求协办方提供每个菜肴的简介和配方，其目的就是要确定和分辨其配方中的每一项原料。世界之大，食品原材料比比皆是，但是许多原材料在不同地区有不同的叫法，主办方在收到协办方提供的菜单后，要研究和分析该原料在当地是否存在，其名称是什么，以防止出现一种原料两种不同的名称，造成误解，贻误时机。一般来说在协办方发来菜肴名单后，主办方总厨要详细地将主要原材料分辨出来，并提供一份采购清单交给采购部到市场寻货和问价。

2. 替代品的选择

对于当地市场无货的原材料，而协办方又不方便从外地携带或运输的原材料，要向协办方提出，首先确定是否可有替代品，对替代品有无特殊要求。许多主要的原材料则必须要协办方协助采购，并报送各项有关价格及各项费用，包括采购、包装、搬运、短途运输、长途运输等费用。

3. 运输方法的确定

确定协办方协助采购物品的运输方式，对原材料的保质效果要特别关注，尤其在温度、包装、装卸等环节的特殊要求，如果存在有两次装运的情况则应更加注意。同时还要特别小心对敏感性食品原材料的购运要符合当地政府的各种管理规定，如动植物保护、海关、卫生检疫、环保等部门的监控物质，要获取有关的通行证明文件。

4. 储存方法的确定

许多特别的菜式，需要在协办方原产地加工成半成品，然后运输到主办方，对于这一部分材料或半成品要采取有效的保障措施，保证安全卫生。有时也有部分特殊的原材料的储存方式会有特别的要求，因此在客厨出发前要确定在主办方的储存问题，以保证在整个美食节期间可以保证供应。

五、菜单的设计与印刷

菜单是美食节的门面，是美食节出品的介绍，也是客人最早与美食节出品接触的媒介，因此，菜单的设计对美食节的成功与否起着至关重要的作用。菜单是经过行政总厨审阅确认后开始投入设计的，在菜单设计的过程中一定要坚持特色的原则，要根据菜式的特点进行各种设计方案的比较。菜单的设计要根据举办方的情况来决定其设计的档次、质量和特色，总体来讲，要有以下几个方面的选择。

1. 高贵、庄重、大方

对于许多高档菜式的设计，不应太跳跃、太活泼，而应突出庄重，例如，与国宾馆合办的国宴菜及与老字号饭店合办的宫廷菜等等，必须显示出身价，对其中的文字字体、格式、封面、图片等都要十分考究，要大方、庄重、高贵，体现王者风范，同时要突出特点，突出价值，表现出传统文化与菜单的匹配。

2. 特殊、形象、个性

美食节食品主要是因为异地产品的不同风味、文化、特点，才对客人有吸引力，这种吸引力不但要体现在宣传推广上，而且要集中体现在菜单上。从某种意义上讲，菜单本身就是一种特殊的广告，一般情况下，菜单的首页最好有一句反映菜式的口号，或叫主题词，诸如有些山区的美食节叫“靠山吃山”、“林海雪原”、“云贵山珍”等等，海滨地区协办的美食节，可叫“弄潮儿”、“海底奇珍”、“澎湖湾”、“海底世界”等等，对于一般地区的美食节也可取其地区最流行、最奇特、最具特色的一个地区名、产品名或菜名等等，或将本次美食节最有特色的菜放在菜单的封面。

3. 轻松、活泼、新颖

美食节的菜单除了反映上述特点的设计外，还可根据菜式的特色，考虑到食客宽松的饮食环境的特点，使人不必太拘谨。在设计的过程中，可穿插许多轻松的人物图片、菜式照片与菜牌或与美食节有关的图案等，可以以照片形式，也可以以线条形式，或以各种菜名的植物插图的形式表现其特点。其中口味的表现方式，可以在每个菜名前用形象的符号表示咸、淡、辣等口味，对于有辣味的菜可以辣椒的数量或大小来代表辣的程度；以动物的图案表示菜的主要配料构成如牛、羊、猪、鱼、虾等等，体现菜单的风格、菜式特点及环境特色。

4. 菜单的印刷质量和档次

菜单质量和档次的选择，要考虑美食节多方面的需要，包括纸张的厚度、照片的色彩、封面和封底的图案等等；在选择印刷的标准和档次时，还要考虑以下几个因素。

（1）菜价的因素

菜单印刷的质量主要考虑到菜的价格的需要，要与菜的价格相一致。一般总体价格较高的菜，菜单印刷质量也要相对地高，否则反映不出菜品的档次；反之，菜单价格相对低的菜单，印刷的规格也可相对低些，其菜单的规格和质量也可相对低一些。

（2）用餐环境的因素

在高档的用餐环境中，菜单的设计质量和印刷标准都要高档一些，否则会给人感觉菜单与用餐环境不协调，容易造成客人心理上的障碍，影响用餐情绪。反之，在相对低档的用餐环境中，菜单的印刷档次也可相对地低一些，但是必须与环境的档次相适应。因此，在许多高档餐厅里，许多人称装裱精良的菜单为“菜牌”。

（3）制作成本的因素

菜单的设计和印刷档次还必须与主办方的美食节预算计划相适应，菜单的设计和印刷档次必须考虑到其中的制作成本因素；当然考虑成本并不是一律使用便宜货，而是在设计或制作方式、手法上提高档次，提高文化内涵，例如有使用低档、原始纸张的仿古菜单等等。另外由于美食节是一个短时间的推广活动，菜单的使用时间相对较短，从节约的原则出发，也可以使用活页的菜单。

（4）菜肴出品档次的因素

菜单的设计和印刷档次，还必须与菜肴档次相一致，要适应主办地所设定的市场。在中国的许多菜肴中，有的菜肴具有很高的档次，其售价可以到几千元甚至上万元，而有的菜肴一般只是家常菜，有的甚至难登大雅之堂。因此在考虑菜单印刷档次时，也要尽可能地考虑到菜肴的整体档次的因素。如果菜单的印刷、制作、装裱的档次与菜肴差别太大，当菜单高档、菜肴低档时，会给人华而不实的感觉，这种感觉自然会引起客人对主办者的不信任，而造成不良效果。而当菜单低档、菜肴高档时，又会给人以经营水平不高的感觉，引起客人对出品的怀疑。

第二节
美食节菜肴价格的制定

美食节菜肴价格的制定是美食节能否成功的关键所在，它是调节客源量、总收入、成本和利润指标的杠杆。因此，制定菜肴价格必须考虑和照顾到多方面的因素。

一、美食节菜肴定价需要考虑的主要因素

1. 成本因素

美食节的食品与其他餐饮产品一样，原材料的成本占有很大的比重。一般情况下，社会餐馆的成本率约在50%，酒店餐厅的成本率起码也要在35%～45%，而美食节的食品原材料成本则更高，因为美食节的食品原材料成本包括采购成本和加工成本。

采购成本是指美食节所需的全部食品原材料的采购成本，它除了本地采购的原材料之外，还有许多外地（协办地）出产的原料。这些原材料除了本身的价值以外，还有许多其他的费用，例如采购费用、装卸费、短途运输费、长途运输费、包装费、储存费等等，这些费用

最终都加重了原材料的成本。食品原材料的成本越大，该项出品的价格就越高。

加工成本是指许多产品原材料采购到手的是毛料，即尚未加工的原材料。当食品原材料运抵厨房后，尚需经过粗加工及细加工或深加工后才能够使用，经过多次加工被清除的部分，如果不能再次使用时即又加重食品成本。

2. 基本费用因素

餐厅日常运作的各种费用的分摊，体现和形成了菜品的成本费用，这些费用包括：

(1) 员工的工资及福利；

(2) 燃料费用；

(3) 水、电、煤气费用；

(4) 设备维修与折旧费用；

(5) 行政管理费用；

(6) 伙食费用；

(7) 医疗费用；

(8) 培训费用；

(9) 印刷费用；

(10) 清洁卫生费用；

(11) 运输费用；

(12) 杀虫灭鼠费用；

(13) 制服费用（包括因美食节特制的服装）；

(14) 洗涤费用；

(15) 保险费用；

(16) 税金等等。

3. 额外费用因素

美食节的费用除了主办方原有的各种费用之外，还要加上因办美食节而增加的额外或附加的各种费用，例如：

（1）客厨的交通生活补助费用；

（2）住宿及用餐费用；

（3）接待费用；

（4）宣传推广费用；

（5）试菜费用；

（6）装饰费用；

（7）设计及印刷费用；

（8）不可预见费用等等。

4. 酒店合理利润因素

业主投资酒店的目的是为获取较理想的效益，其效益目标也是构成菜肴价格的一项内容，它涉及酒店投资的回报成果。因此，在扣除以上三项费用之后，还要将酒店的利润加入到菜价中去。利润指标的确定有两种选择：一是根据酒店统一的预算利润水平，或者预期的利润指标。二是可以将美食节推广作为一项特殊的推广活动来对待，专门确定一项利润指标加入到美食节菜价的定价因素中去。

5. 市场承受能力因素

酒店的价格确定也要考虑到客源市场销售的消费状况，即本酒店所选择的市场以及该市场消费者的消费能力，如果定价超出了消费者的消费能力，则会起到相反的作用。如果消费者确实无法接受酒店定出来的价格，但酒店如果不实行此价格则会出现亏损现象的话，则酒店要考虑是否应该取消这种美食节的推广活动。一般情况下，单位销售利润是正数时，无论销量多大都会有利润收入，销量越大，利润越多，当售价超过平衡点后就会形成纯利润；反之，如果单位销售利润是负数时，那么销量越大亏损越多，不销则无亏损。有关市场销售能力的评估，要根据市场调研的结果和平时餐厅客人消费水平来测得，餐厅平时统计的人均消费额及每日消费人数都可以测出客人的消费能力指数，当各项成本、费用、利润与客人消费水平和能力发生矛盾的时候，就要对预算进行调正，尽量压缩成本和费用，使矛盾缩小，以期有利可图。如果实在不能平衡时，就要下决心提前取消此次美食节。

二、美食节出品的成本控制与核算

食品原材料成本是菜肴售价的一项重要内容，在高档酒店中约占售价的35%～45%，在一般酒店中也要占50%（根据不同的毛利率要求)，所以说食品原材料成本的控制与核算是美食节定价的重要环节。

1. 成本控制与核算的基本原则

(1) 标准化原则

主要是指菜谱的标准化，标准化的菜谱是控制成本的有效措施。标准化的实施在技术上并没有太大的难度，主要是生产习惯上的困难。如果没有标准，各种菜肴的搭配就由厨师随心所欲，每个人的松紧程度不同，生产菜肴所消耗的成本也不同，首先是菜肴的分量不统一，其次是各种材料多少不同，这样在成本上就会造成很大的误差。另外，生产时间长度也不同，即会造成成本不准确，生产的菜肴质量也不能得到保证。因此，任何一种菜肴都应有一个分量标准和主附搭配标准以及烹制的时间标准。

（2）公平合理原则

做生意讲究信誉，在生产食品的过程中，大多数时间都是凭厨师的良心做事，顾客和顾主都不能站在厨师面前监督厨师的操作。数量的天秤向业主超多一点，顾客就会被克扣一点。相反，无故给顾客多一点，顾主就会少一点。因此，无论是制定菜谱还是实际操作，都要保证不偏不向，公平合理。

（3）厉行节约，反对浪费的原则

生产食品讲求净料率或出菜率，无论在粗加工还是细加工的工序中，都要本着既要保持品质又要节约的原则。浪费既损害了顾客利益，又损害了顾主的利益，不同档次不同部位的原材料，可以按分档、分级、分价的方式利用。

（4）精打细算的原则

餐饮行业，事无巨细，十分繁杂，在成本核算的过程中，项目繁多，使人眼花缭乱，甚至头昏目眩。即使是在这样的情况下，也不可大意马虎，稍有粗心就会造成损失，天长日久差距越来越大，损失会越积越多。因此，每一次核算，每一个工序都要精打细算，从一点一滴做起。

2. 主、配料成本的控制与核算

酒店餐厅使用的各种原材料，无论鲜活、肉食、水产原料还是植物原料都要经过两次加工过程，一是粗加工，即宰杀、去皮毛或摘洗的加工；二是细加工，也叫深加工，即切配加工。在粗加工之前的原材料一般称之为毛材料，此时的重量应该是入货的重量。经过屠宰、切割、拆卸、拣洗、涨发、分类、初制等初步加工后，变成为净料，净料与毛料之间在重量上存在着较大的差别。大部分酒店在核算原材料成本时都是围绕着净料进行核算。

（1）净料率的核算

净料率是指原材料在进行初加工后剩余的可用的部分的重量所占加工前毛材料总重量的比率，它也成为原材料利用率的指标。其计算公式如下：

$$\text{加工后的净料重量} \div \text{加工前毛料的重量} \times 100\% = \text{净料率}$$

掌握了净料率后，对于原材料的选料、采购、定价等都会形成一个极为方便的匡算资料，也为实际核算建立了可靠的依据。

（2）净料成本的核算

净料成本的核算是根据原料的具体情况按一料一档或一料多档进行分类核算。

A. 一料一档的净料成本的核算方法

一料一档是指某一种毛料在经过初加工后，只有一种净料的用途，没有可能作其他用途的下脚料。其净料成本核算的公式如下：

$$\text{净料成本} = \frac{\text{毛料进价总值}}{\text{净料总重量}}$$

如果毛料经初步加工处理后，除了净料外，尚有可以用的下脚料，则在计算净料成本时先用毛料总值减去下脚料的价值。其计算公式如下：

$$\text{净料成本} = \frac{\text{毛料进价总值} - \text{下脚料价值}}{\text{净料总重量}}$$

B. 一料多档的净料成本核算

一料多档是指毛料经初加工后得到的是多种净料，在这种情况下，为了正确计算各档净料的成本，应该分别计算各件净料的单位价格。各件净料的单价可根据各自的质量，以及使用净料的菜肴的规格计算。首先计算其净料总值占毛料总值的比例，计算公式如下：

$$某档净料成本=\frac{毛料进价总值-其他各档净料占毛料总值之和}{该档净料总重量}$$

由于有时某一原料的净料部位不同，其价值也有所不同，为了按市场价值确定价格，保证各件价格的合理性，也可采取另一种方式计算净料成本，即分清主料和辅料（下脚料），分别计算其各自的净料重量，然后再按市场等级价格计算出其净料价值，再用总价值减去各辅料（下脚料）净料价格的合计，剩余的就可作为主料的总价值。

$$主料总价值=材料总价值-各辅料各自重量\times各辅料各自价格$$

目前，市场对各种鲜活原料的宰杀和加工都有比较细的分档出售，其售价都在每日开市期间公布于众，酒店核算某种原料时，可参照市场的各档售价进行核算。

3. 成本系数的核算方法

由于食品原材料中的大部分是农副产品，其地区性、季节性、时间性、可储藏性等都存在着很大的差异，因此原材料价格变化差异很大。每次进货的地点有可能不同，加上其加工方法的差别，其净料成本也会有较大的变化。为了避免进货价格的不同而需要逐项计算各档净料的成本，也可用“成本系数”的控制方法，进行净料成本的调整。

成本系数是指某种原材料经初加工或深加工处理后所得净料的单位成本与毛料单位成本之比。其计算公式如下：

$$成本系数=\frac{净料单位成本}{毛料单位成本}\times100\%$$

成本系数的单位是一个计算系数，用于某些原料的市场价格上涨或下跌时重新计算净料成本，以调整菜肴定价。其计算公式如下：

$$净料成本=成本系数\times原材料的新进货价格$$

使用成本系数来确定成本最重要的是应取得准确的成本系数。由于进货渠道、原材料所在地、进货价格及加工水平的不同，每一种原材料的成本系数必须是经过实际测试过，对此也应该经常进行抽查复试。

4. 调味品成本的控制与核算

调味品是菜肴的构成要素之一，其成本也是食品成本的重要组成部分，调味品成本的核算和控制关系到整个成本核算的精确度。

餐饮调味品品种繁多，而且每份菜肴的用量又很小，因此调味品成本不可能像主、配料成本那样用数量来计算，而只能由烹制菜肴的厨师在很短时间内随取随用。在实际工作中，菜肴的调味品成本核算只能是对有代表性的出品在进行试验和测算的基础上采用其平均值进行估算。因为厨房的厨师各自在操作中把握的尺度不同，在现实中很难做到每一次操作都完全一致、滴水不漏。当然，厨房里大部分的调料容器中都配有专门的用具，但是这些用具的体积比较小，在操作中大部分厨师都不太使用，这给实际核算带来了一定的难度。常用的方法是按照标准食谱规定的剂量标准进行核算。但美食节的出品大部分都是创新菜，并无标准食谱可依，就只能靠总厨师统一出一个基本的估算值进行核算。

菜肴的生产方式不同，其调味品成本核算方法也有所不同。

（1）单件产品调味品成本的核算

单件制作的产品的调味品成本也称个别成本，酒店餐饮部门中大多数单件烹制的菜肴的调味品成本均属这一类。在核算此类调味品成本时，首先应将各种不同调味品的用量估算出来，然后根据进货价格分别计算出金额，最后逐一相加所得。其计算公式如下：

单件出品调味品总成本＝单件出品耗用的调味品①成本＋单件出品耗用的调味品②的成本＋单件出品耗用的调味品（N）的成本。

（2）批量出品平均调味品成本的核算

平均调味品成本也称综合成本，是指批量生产的菜或点心的单位调味品成本，酒店生产的点心类产品、卤制品等的调味品成本都属于这一类。在核算此类调味品成本时，首先应像单件产品调味品成本核算那样计算出整批产品中各种调味品的用量及其成本，由于批量产品的调味品使用量较大，因此调味品用量的统计应尽可能全面，以准确核算调味品成本，同时，也能保证出品质量。然后用批量产品的总重量来除批量出品耗用的调味品总成本，即可计算出每一单位出品的调味品成本。在核算时可使用下列公式：

$$\text{单位出品的调味品成本}=\frac{\text{批量出品耗用的调味品总成本}}{\text{批量产品的总重量}}$$

实际上酒店无论是日常的成本核算，还是举办美食节活动时对调味品的核算，都极少用上述方法进行测算。虽然批量调味品的数量和价格都是比较容易核算的，但是使用在该批量调味品的菜肴数量是比较难控制的，况且菜肴的品种数量、价值都是不相同的，实际计算时则是劳心费神，又不能准确及时地反映出来。以上的核算方法在理论上是可行成立的，但在实际操作中厨师们大都嫌其麻烦而不太愿意使用，他们大多数使用的方法则是采用平均分摊的方法。

（3）平均分摊核算方法

所谓用平均分摊的方法核算调味品的用量，就是按月计算全月使用调味品的总重量，求出调味品的总金额，然后按照当月出品的总收入，除调味品的总金额，再乘以100%，计算出一个比例系数，这个比例系数就是指每100元的收入中含有调味品成本比例的价值。其计算方法如下：

A. 计算当月领用调料原料成本

当月用料成本＝原料期初余额＋期内原料进货额－原料期末余额

B. 计算当月调料用量（额）

当月调料用料价值占总收入的百分比＝调味品的总金额÷当月出品的总收入×100%

在预估调料数额（或价值）时，可用这个百分比值对单位菜肴使用调料的价值进行核算。

三、各项营业费用的控制与核算

美食节的各项费用也是制订菜单和制订菜价时需要考虑的一个重要因素，各项营业费用的核算有两种方法。

一是实报实销的方法。由于实报实销一般采用于决算时，才可获得完整的资料，在预算中多是利用各种事前的报价来进行核算；而这种方法基本上等于没有控制目标，多数是在小的单个项目中使用，美食节一般很少使用这种方法。

二是根据以往经营中的实际经验，核定平时固定的各项费用和因办美食节而增加费用的比例，将其落实到每个菜肴上或百元的收入上。例如：在未办美食节时，餐厅正常营业所产生的各项费用，再加上因办美食节而额外支出的费用。

四、菜肴价格的确定

根据酒店举办美食节所选择的菜肴，在成本和费用的基础上确定菜单价格。前面所述的各种成本和费用的计算为核算和确定价格建立了良好的基础，而菜单的定价就是在这些基础上选用的。常用的定价方法有以下几种。

1. 销售毛利率法

销售毛利率是指菜肴毛利在菜肴销售价格中所占的百分比。销售毛利率法是以餐饮出品的销售价格为基础，按照毛利与销售价格的比值计算价格的一种定价方法。其计算公式为：

$$销售毛利率=\frac{毛利额}{销售价格}\times 100\%$$

其中：毛利额 = 销售价格 × 销售毛利率

$$销售价格=\frac{1-原材料成本}{销售毛利率}$$

在现实的酒店经营中毛利率并非都依照上述公式计算出来的，而是酒店根据经营需要确定的，它相当于酒店的一项经营政策，因此在毛利率固定的情况下，原材料的成本是可以计算出来的，这样菜肴的销售价格就很容易确定。使用这种方法进行的餐饮出品的定价，可以让经营者清楚地知道餐饮产品的毛利在销售额中所占的比例，但不能反映各种出品的劳动力成本。使用这种方法，有时易被人形成一种误解，即是对毛利的认识，有人经常将毛利和纯利混淆起来，其实在毛利中，除了纯利外很大部分都是费用，只是除去费用之后，如有剩余才有纯利，所以在营业额中利润则只占了很少的部分，而在每一项出品中的纯利润则更小。因此真正的毛利包括两个部分，即：

毛利 = 费用 + 利润

利用毛利率来确定菜肴价格是一种最常见的做法。毛利率是相对固定的，成本和费用是变动的，成本费用太低，而价格相对太高，则会损害消费者的利益，客人吃一次感到上当了就不会再光顾；如果成本费用太高，而价格太低又会亏本。一般情况下成本都会在35% ~45%之间，而毛利的确定则要看费用的比例。通常合理的利润可在12% ~15% 左右，如果费用相对减少，利润则可增加；如果费用太大，利润则会减少；如果利润达不到最低的限度，美食节举办的意义就不大了（尤其是以效益为追求目标的美食节）。

2. 成本毛利率法

成本毛利率也叫外加毛利率或加减毛利率，它是以菜肴成本为基础，按照所确定的菜肴成本毛利率加成计算销售价格的方法。其计算方法如下：

$$\text{成本毛利率} = \frac{\text{销售价} - \text{原材料成本}}{\text{原材料成本}} \times 100\%$$

$$= \frac{\text{毛利}}{\text{原材料成本}} \times 100\%$$

$$\text{销售价格} = \text{原材料成本} \times (1 + \text{成本毛利率})$$

由于成本毛利率定价法是以原材料成本为出发点进行出品定价的，所以，经营者难以清楚地知道出品的毛利在销售额中所占的比例。

3. 计划利润法

计划利润法也叫目标利润法，是以餐厅所测定的目标利润率为出发点，以原材料成本占营业收入的比例为依据，对餐饮出品进行定价的。使用计划利润法定价的指导思想是每位宾客除了支付所需食品的成本外，还须根据其所购产品的价值大小支付一部分费用以做产品销售的利润。其计算公式如下：

销售价格＝原材料成本＋费用＋计划利润

使用这种定价方法进行食品定价时，酒店须依据利润预算，以确定其利润率和其他营业费用率并计算出标准成本率，用于制定食品价格；采用这种定价方法的优点有以下几点。

（1）每种食品的成本与售价之间的关系十分明了；用人为的要求，强行控制食品原材料费用和利率的比例。这种定价可以确保每个菜肴的利润，但是对销售的灵活性起到一定的限制，在市场形势好的情况下可以发挥作用，在市场情况不好的情况下则很难发挥作用。

（2）如果酒店在经营过程中能将其他营业费用率和劳动力成本率控制在预算指标的范围内，酒店就能够获得预期的盈利。

（3）酒店餐饮出品的定价幅度较大，较容易满足消费水平不同的顾客的要求。

（4）计算较为方便。

但这种方法的缺点是，无法反映每种产品所需要的劳动力成本和其他的营业和行政管理费用。

在实际的酒店出品定价过程中，每种出品的原材料成本率不可能都相同，因此，酒店必须对所有出品进行平衡，并作出相应的调整，使高成本和低成本的产品达到一定的比例，以求得整体出品的标准成本率。

除以上的三种定价方法之外，还有许多其他的定价方法，但是无论哪一种定价方法都会存在着许多各自的局限性，所以有时候都会在集中定价方法中借用各种方法的优点，采取一种价格上的整体平衡。例如，餐饮行业对于市场上只卖几元钱的青菜，有可能卖到十几元或几十元，价格高于成本几倍甚至十几倍，但是对于市场上售价为几百元一斤或一份的高档鱼翅、燕窝等，价格加上一两倍，都已经让绝大多数人望而却步。如果也照样同青菜一样提高十几二十倍的价钱，无疑是不想开店了。所以必须按照总体出品通盘考虑平衡，将低价相对提高，将高价相对降低。每一份菜在考虑到其成本率之后还要考虑毛利的绝对值，使其既能够达到酒店期望的目标，又能使消费者可以接受。

对美食节出品进行定价时，可以征询协办方厨师（客厨）的意见，或在客厨推荐菜单时就同时提一份参考价格，使主办方在确定价格时参考到客厨的当地价格，便于了解到价格调整空间的大小。

五、菜肴价格的分析与测试

美食节的菜肴价格基本确定之后，可以用矩阵分析的方法对所定价格进行分析和检测，并根据情况及时作出调整。

矩阵分析法是一门管理决策工具，其应用范围十分广泛，在餐饮菜肴的定价选择中也可以利用这种方法。从菜肴的受欢迎程度即销售量以及成本率、边际贡献等方面进行矩阵分析，对每个菜肴的价格通过与之相关因素的分析，对其进行价格、质量、分量等方面的改进和调整。所谓的矩阵分析，就是以菜单的每一项是否高于或低于菜单条目的平均数为基础，对菜单条目进行分类。

例如：在分析菜肴成本率的同时也考虑菜肴的受欢迎程度，如果某一菜肴仅仅是成本率达到预期目标，但是不能受到大多数顾客的欢迎，就不是一个成功的菜肴，或不是一个合理定价的菜肴。对于美食节经营者来说，我们的预期目的就是既受广大消费者的欢迎，又使经营者有利可图。具体的分析步骤如下。

第一步：先确定成本率（酒店为了核算的需要，要确定一个政策性的成本率，例如是35%、40%、45%、50%等等）。

第二步：确定受欢迎程度（菜肴的受欢迎程度，是由菜肴销售数量来确定的，一个新的菜肴，以前在本地未出售过，只是将该菜肴在产地的销售价格与受欢迎程度借用参考，再根据当地消费水平与产地消费水平的差距确定系数）。

第三步：设计矩阵图形。

①取成本率高和低一组数据与受欢迎程度高和低的一组数据，放于同一个矩阵中，设置1、2、3、4四个方格，选出成本率和受欢迎程度均在政策范围内的菜肴。对于未达到要求的菜肴要分析原因，调整其可变动因素；对于无法调整或调整后仍然不能达到要求的菜肴，就要取消。

例如，酒店经过核算确定，某美食节的菜肴成本率为40%，受欢迎程度为每日销售数量不少于100人次。那么可以设立一个矩阵图，如下：

高成本率（高于40%）	1	2
低成本率（低于40%）	3	4
	受欢迎程度低（销售次数低于100次/人）	受欢迎程度高（销售次数高于100次/人）

这些图形可以进一步定义如下：（表20）

成本率矩阵表 （表20）

1	成本率高	受欢迎程度低
2	成本率高	受欢迎程度高
3	成本率低	受欢迎程度低
4	成本率低	受欢迎程度高

从这些定义出发，我们看到只有在第四项中的菜是最贴近我们推销原则的。一些菜肴要么成本率太高，要么受欢迎的程度太低，应该怎么选择呢？如果这些菜肴没有什么特色和风味时，就可以毫不犹豫地从菜单中删除；如果其中的一些菜肴具有一定的特色，可以按照以下的分析进行处理。

成本率矩阵结果分析表 （表21）

图形	特　点	问　题	策　略
1	食品成本高，受欢迎程度低	由于高生产成本和低销售量造成的边际问题	1）从菜单中删除 2）考虑当前的食品走势，确定它是否受欢迎或它的定位方法是否正确 3）通过调查客人当前的需求来决定此菜 4）如果它是一个边际贡献高的菜肴，考虑降价或减少份额

（续上表）

图形	特　点	问　题	策　略
2	食品成本高，受欢迎程度高	由于生产成本导致的边际问题	1）提高价格 2）降低它在菜单中的重要性 3）减少份额 4）捆绑销售成本率低的菜肴，这样可以提供较好的综合食品率
3	食品成本低，受欢迎程度低	由于销售量少，导致的边际问题	1）重新调整在菜单中的位置，使其更加鲜明 2）突出菜肴的特点 3）降低菜单价格
4	食品成本低，受欢迎程度高	无	1）加强促销 2）突出在菜单中的可见度 3）适当调整价格

②取边际贡献和受欢迎程度一组指标构成的图形，以达到最佳的菜肴定价设计。

所谓边际贡献，是每一菜肴项目的销售价格扣除原材料成本后的剩余部分。边际贡献是指所得到的用于支付劳动和其他费用后的利润，也是我们常说的“毛利”，是菜肴定价最为关注的一项指标。菜肴中，售价－生产成本＝单位边际贡献，当我们在菜肴定价过程中将边际贡献作为驱动因素时，所利用分析的两个变量可以是边际贡献和菜肴的受欢迎程度。

我们知道：

售价－成本＝单位边际贡献

那么

销售总收入－生产总成本＝总边际贡献

所以

$$\frac{\text{总边际贡献}}{\text{菜肴销售量}}=\text{平均单位边际贡献}$$

我们创建的边际贡献矩阵和前面创建的成本率矩阵大致相同，同样，我们设定菜肴的受欢迎程度为100人次，菜肴的平均边际贡献为12%，其矩阵模型如下：

边际贡献高（＞12%）	1	2
边际贡献低（＜12%）	3	4
	受欢迎程度低（销售量＜100人次）	受欢迎程度高（销售量＞100人次）

此图形可以定义如下：

边际贡献矩阵表 （表22）

图形	特点
1	边际贡献高，受欢迎程度低
2	边际贡献高，受欢迎程度高
3	边际贡献低，受欢迎程度低
4	边际贡献低，受欢迎程度高

从以上的矩形分解来看，图形 2 是最理想的选择，既有低成本，又有高销售量。因此，应将菜单上的所有菜肴装入图形 2，看是否能够达到图形上的要求，如果达不到图形要求，就要采取一定的调整策略，具体分析如下：

边际贡献矩阵结果分析表 （表 23）

图形	特点	问题	策略
1	边际贡献高，受欢迎程度低	由于不畅销造成的边际问题	1）调整菜肴特色 2）考虑降低售价
2	边际贡献高，受欢迎程度高	无	1）扩大促销范围和力度 2）加强菜单中的能见度 3）适当提高价格
3	边际贡献低，受欢迎程度低	由于边际贡献低和不畅销造成的边际问题	1）考虑从菜单中删除 2）调整价格 3）改组配方和特色
4	边际贡献低，受欢迎程度高	由于边际贡献低造成的边际问题	1）提高价格 2）减少份额

采用边际贡献的方法确定菜肴的矩阵。一般来说，比较强调每一个菜肴的边际贡献，对于美食节的利润有很大的好处，但是往往容易过于追求利润而忽视了美食节菜肴的特色。特色菜的成本相对会高一些，如果过于追求利润，就会丢失特色。在菜肴的定价过程中这种方法一般倾向于高价菜肴。

第五章
美食节的推广

酒店美食节是一个短期的美食促销活动，
必须要有效果明显的市场销售策略，
既要在时间上“短、平、快”，
又要在市场上广而告之。
本章重点介绍怎样组织召开美食节的新闻发布会，
以及如何有效地利用酒店各种销售资源进行直接的宣传促销活动。

第一节
美食节推广的主要方式

一、媒体宣传推广

1. 利用媒体的美食专刊进行推广

前面章节曾经说过，美食节是一个时间性、阶段性的产物，从组织到实施都是在一个比较短的时间内进行，而举办的周期也很短，要在这么短的时间内让尽可能多的人知道，必须选择大众媒体进行宣传，其中广告宣传是一个不可缺少的推广方式。因为广告就是广而告之，是大众媒体与客人接触最多、最快、最易被人看到和接受的一种推广形式。

首先要选择覆盖面大的媒体或报纸以及广告牌（中心地区），能够使美食节的消息尽快地、最广泛地传播到广大消费者的中间去。因为美食节举办的时间是有限的，如果不尽快让客人知晓，就会错失良机，等客人慢慢地通过其他途径知道时，举办的时间也已经过去了，所以一方面要快，另一方面要覆盖面积大。另外，选择一些专业性的，适应一定阶层的媒体也是十分重要的，这样做具有很强的市场针对性。例如，香港的《饮食男女》、《新假期》、《东方新地》，内地的

《饮食天地》等杂志发行量十分大，而且多是城市中白领阶层的饮食手册。还有许多针对不同阶层和人群对象的宣传刊物，也是美食节所选择的宣传对象。此外，当地具有很大发行量的报纸也是一个十分好的选择对象。报纸的刊登时间虽然很短，但是只要它的发行量大就行，一些每天发行上百万份的晚报、时报、日报等都是刊登广告的良好媒体。

其次是要选择那些发行周期比较长的专业宣传媒体。例如前面提到的香港《饮食专栏》、《饮食男女》、《新假期》及内地《饮食天地》等旅游饮食杂志，有的是周刊，有的是半月刊或月刊，如果与报纸相比一次广告相当于同等发行量的七倍，无疑是一个更好的选择。但是一般情况下，杂志的发行量始终是无法与报纸相比的，究竟选择哪一种，最终还是要根据广告效果和价格来决定。

再者可以在广告媒体上做一些优惠券，持优惠券用餐可以享受一定折扣优惠，客人看到广告后只要把优惠券剪下来，凭此到酒店即可获得优惠。此举的目的一方面是促销，另一方面可以为酒店的广告效果做统计，借以评估广告的实际效果。

酒店的美食节只是一个短期的活动，举办的时间越短，其平均摊分的成本就越大，所以利用媒体推广的原则就是想办法不花钱或少花钱来多办事或办大事。例如利用业务对换，与有关媒体合作进行公关活动等等都是值得选择的方式。

2. 利用专栏作家进行推广

目前，国内外的餐饮研究及学术部门每日有大量的研究项目，社会也存在着一批饮食专栏作家，他们对各种菜式颇有研究，对于外地的菜肴亦很有研究兴趣。酒店可以同他们合作，将研究与销售结合起来，利用他们做一些大众媒体的宣传活动。可以与这些专栏作家进行合作，共同研究美食节的特殊菜肴，在专栏内发表，引起社会广泛关注，促进饮食文化研究的发展。

3. 利用新闻发布会进行推广

在香港的美食节推广中，新闻发布会是一项最经济、最有效的推广活动。因为新闻发布会可以邀请到大部分的报纸和新闻媒体的记者及专栏作家前来，而这种推广是以新闻的形式刊登在各大报章上，新闻是免费的，而新闻的篇幅也很大。当然，也要看酒店美食节的新闻内容有多少，我在香港的京华国际酒店任职时，在酒店的美食节新闻发布会中，除了日常的内容外，对于客厨及美食特点的介绍等都占据了很大的篇幅。所以每次新闻发布会后，各大报纸的饮食版会铺天盖地地刊登酒店的美食节新闻，起到了非常好的推广效果（关于美食节新闻发布会运作的细节将在以下章节详述）。

二、城市广告宣传推广

如果酒店的美食节是以街客为主要推广对象的话，在预算费用允许的情况下，可以在酒店附近的主要交通道路和重要的商务场所，以及机场、车站等地设置一些广告牌。广告要醒目、有特点，很容易看到和区分。广告投放时间应与美食节的举办时间相近。在城市广告宣传中绝大部分的广告是交由广告公司完成的，因此具体的广告形式要在广告公司提供的项目中进行选择。

三、利用利益互换的方式进行推广

即在报纸或杂志上做广告，其广告费用则以美食节的餐券作为交换。这样既可起到宣传推广的作用，卖了广告，又不用现金支付；而利用餐券交换又增加了餐厅的销售量，起到了双重推广的目的。有时广告费未必能全部用作交换，也可以将一部分以现金支付，另一部分用作交换用途，交换的形式大部分是利用较小规模的报刊或大众式的报刊。另外，还有一种形式是多层交换，即酒店以某种程度的扣折交换给报刊，由报刊以另外一种交换的内容交换给客户，即采用在某份报纸或杂志上做美食节广告，不出广告费，但可包销一定数量的报纸、杂志，然后将这些带有美食节广告的宣传品免费派送给客人，可以收到一举两得的效果。

四、利用酒店内部设施进行推广

1. 利用酒店贵宾卡进行推广

目前很多酒店都有自己的忠实客户群，尤其是开业时间比较长的酒店。维系这些客户的方法除了日常的服务外，就是建立贵宾卡系统。各酒店建立贵宾卡的方式各有不同：有的是收费的，有的是不收费的；有的是既收费又有消费折扣的。不论采取什么方式建立的贵宾卡系统，都有一个共同点，就是利用贵宾卡的网络联系客户，培养顾客的忠诚度。虽然酒店的贵宾卡网络每年都会升级和更新，但是有一点是可以肯定的，就是酒店的贵宾卡系统犹如一个雪球，随着时间的推移会越滚越大。

酒店美食节的推广渠道之一，就是利用贵宾卡的客户网络进行推广。一般贵宾卡的资料是比较详细的，在许多国家和地区，个人的资料是受法律保护的，在利用这些资料时要特别谨慎，一定要事先与客人沟通，询问他们是否愿意利用个人资料接受你向他们赠送的优惠，在得到客人允许后，酒店在举办美食节的前期阶段就会以多种形式，分阶段地向目标客人发送有关信息。

2. 利用酒店的公共场所进行推广

酒店是一个旅客的集散地，每日南来北往的客人都要在此歇脚居停，客人进入酒店后，会在酒店的各种公共场所逗留和消费，利用酒店的公共空间进行美食节的各种宣传、推广，也是一种很好的方式，可以就近就地利用现成的资源。比如：可以在酒店的电梯间、公共过道、酒店的主要进出口、主要消费场所、电子信息屏幕等处设立或装饰各种海报、告示牌、专栏、灯箱、广告牌、横幅、条幅等等，以吸引客人，引起客人的饮食欲望，促进客人消费。

3. 利用酒店的客房设施进行推广

酒店客房是客人居住的场所，客人每天至少有三分之一的时间是在客房里度过的，客房里的许多设施都可以作为酒店长期推广的工具和场所。每次酒店举办美食节，都可以在客房里设计和制作许多小的宣传品，如宣传单张、宣传册、宣传卡等等，放在客房的资料夹里；或将宣传品制成精美的摆设，放在桌面、台面或床头柜上，让客人一眼就可以看到，随手可以翻阅。

另外，还可以制成小的优惠卡片，放在客人的钥匙卡内，待客人登记入住时一并交给客人。此外，还可制成小型、精美的礼物分发给不同的客人。

五、利用酒店美食节招牌菜进行推广

招牌菜是美食节的卖点，许多酒店将它们作为利润的增长点，但是也可以把这一部分利润让给消费者，将它转化为酒店的推广费用。因为招牌菜对客人最有吸引力，将这个吸引力加以利用，可以起到很好的推广作用（有关美食节招牌菜的推广运作将在本章第三节中详述）。

第二节
美食节新闻发布会

一、会前准备

1. 新闻发布会的方案策划

新闻发布会的方案策划和运作有两种方式：一种是委托专业的公关公司承办；另一种是由酒店自行组织。一般来说，特别重大的美食活动，如由政府或者多个行业或企业合作举办的美食节，涉及多方面的协调和统筹，且费用预算比较充足的情况下，委托社会专业的公关公司比较合适。但是由于酒店美食节的规模比较小，且需要与社会协调的事务不多，大部分都是由酒店公关部负责策划和组织。酒店美食节新闻发布会的策划方案主要有以下内容。

（1）新闻发布会的议程安排；

（2）新闻发布会的内容安排；

（3）嘉宾的邀请和接待；

（4）美食介绍和展示；

（5）后续项目的跟进。

新闻发布会涉及酒店内多个部门的协作与配合，公关部在策划的过程中要多次召开相关的协调会议，将策划方案细化，并逐步落实。

2. 会议主要事项的确定

（1）会议时间的确定。新闻发布会的时间要安排在美食节开幕的当日。如果酒店的条件限制，也可略微提前或推迟。无论是提前或是推迟，都不可距正式开幕时间相距太长。因为新闻发布与美食节的销售有着直接的关系，时间相差太远，对美食节销售起不到趁热打铁的效果；同时，新闻发布会与客厨到来的时间也有着相当重要的关系，客厨是新闻发布会的主要角色，如果会期提前于美食节，客厨就要提前赶到，这样就会减少和占用了客厨的驻场时间；如果会期迟于美食节的时间太长，当传媒报道了美食节的消息后，客厨也该到期离场了，造成客人失望。因此，新闻发布会要选择一个各方面都可以接受的适当时间。

（2）会议地点的确定。会议地点一般就选择在美食节举办的餐厅或距餐厅厨房接近的地方，以便展出或品尝食品的操作和传送。

（3）会议展示出品的准备。新闻发布会的主要内容是展示美食，这是美食节推广的重要内容，要将美食节的主要特色菜、招牌菜全部展示出来，做好造型，设计布置好展示台、陪衬装饰、灯光、餐具用具等。

（4）会议其他事项的确定。确定酒店内部出席的人员及人数，邀请的记者、外部嘉宾的人员和人数，会议所使用的设备，操作设备人员的安排，进行会议议程的准备。

3. 记者的选择和邀请

（1）对报纸及记者选择的要求

①专业性。是指主要负责餐饮新闻或专栏编辑的记者，这样见报

的可能性大，而且他们可以用专业的眼光来对待此次美食节，报道的内容也有针对性。

②有业务联系或合作历史的记者或者编辑人员。对记者的邀请要做到有请必到，减少失约率，最好是联络或邀请过去有一定业务联系的，双方比较了解，合作较为顺利，邀请也比较容易。

③有一定声望的。如果记者的邀请人选中有自由选择的余地，则应尽量选择那些在行业中或在专业报道中知名度较大的记者，这样无论对刊登信息、新闻吸引力还是日后的合作都是有利而无害的。

④如果以上各项选择都不能实现，则发出正式的邀请函，由报社或杂志社自行安排。

（2）记者邀请方式

①最好是事先电话联系，然后再发正式的邀请函，如果邀请的是较为熟悉的记者，则应先同记者联络，后同报社有关负责人联系，再发正式函件。

②对于事先并不相熟的报社，或是第一次接触的媒体，应先礼貌地用电话向媒体相关部门的负责人联络，双方约定后，再发正式函件邀请。

（3）记者的接待

在发出邀请后，一般就会收到该媒体的回复，这样酒店就掌握了开新闻发布会时会有多少家媒体、大约多少人前来参加新闻发布会，而酒店则要安排专人接待记者，接待程序如下。

①安排告示牌，指明新闻发布会的地点。

②安排专门的记者席（最好是每个新闻媒体一个单独的桌子，4 ~ 6 把椅子，便于记者们摆放摄影器材或写新闻采访稿件与拍摄菜品）。

③为记者准备和派送新闻稿。新闻稿一般是由酒店公关部提前根据美食节的要求编写并打印出来，主要是介绍美食节举办的宗旨及美

食节的主要特色，以及协办方的概况和各个厨师情况介绍。

④为记者安排采访对象（协办方的领队、各主要厨师或酒店餐饮部美食节的负责人）。

⑤为记者提供采访或拍摄用的有代表性的菜肴样品。

⑥为记者提供特色菜的专门品尝用具，菜的品种一般是少而精。

⑦向记者赠送由协办方带来的有纪念意义的礼品。

4. 嘉宾的选择和邀请

（1）嘉宾的选择

美食节新闻发布会的嘉宾是由两部分人士组成，一部分是社会知名人士，包括主办方和协办方邀请的知名人士，他们可以是政府官员，可以是大企业的高级行政人员，可以是行业的领导人和知名人士，也可以是知名的专栏作家、美食评论家，也可以是同行业的酒店总经理或餐饮总监、经理甚至厨师。另一部分是酒店的重要客户代表，他们可以是酒店的常住客人或酒店贵宾卡的持有人；可以是旅行社旅游机构的负责人；也可以是酒店主要客源地或客源国的常驻本地区的代表等等。

（2）嘉宾的邀请

新闻发布会的正式邀请函要有回执，以便做好会议的准备工作。另外，邀请函一定要在新闻发布会召开的前15天或更长一点的时间发出，以便给被邀请人留出时间。对于未及时回复的客户和嘉宾要用电话询问，当接近会议的前两三天要再用电话作进一步的确认。

（3）嘉宾接待

嘉宾的接待工作与记者的接待工作相似。

①要设置嘉宾指引牌（在大堂或公共场所的出入口处）。

②要设置嘉宾的休息区，准备饮料、茶水或美食产地出产的小食

品或土特产品（由协办方从产地带来）。

③安排酒店的高层领导会见特别的嘉宾。

④向嘉宾派发会议议程。

⑤待新闻发布会发言议程结束后安排品试菜肴。

5. 会议通知

当确定了邀请的人选后，则要由酒店发出正式的请柬（邀请函件）。

（1）请柬的内容

①邀请人（或单位）名称。

②邀请事由。

③发布会的时间、地点。

④建议行车线路。

（2）在撰写请柬时应注意的主要问题

①要注意文字语气，因为会议通知是一封邀请函，无论被邀请人是记者还是嘉宾，都要充满谦虚、尊重。

②称谓要得体，如果知道对方的职位，要按照职位名称称呼对方。

③文字要简练、清楚、一目了然，不要拖泥带水。

④函件要注意格式，邀请函件一般都有相对固定的格式，按照格式撰写一般都不会出现问题，不要别出心裁，弄巧成拙。

⑤信封、信纸要讲究，一般的请柬信封可以在文具店购买，也可以自己制作，但是如果自行制作时一定要注意质地、尺寸、色彩、格式，不要违反各国家的传统习惯。

6. 会场布置

（1）横幅

会场的主席台正面的墙上要设有一个会标，也可叫横幅。一般情况下，会标是由专用的木板贴上专门印制的字或图案。会标的格式因主办方而异，可以将一张大的标题或副标题用电脑刻印在一张纸上，然后贴在会板上；也可以将会标板用某种颜色的布包起来，然后用打印或裁剪下来的标题字样贴上去或挂上去。

（2）主席台

主席台的设置可以多种多样，可以设置成主席台桌的形式，也可以设置成讲台形式，还可以设置成自由式，主要是看整体设计形式。例如，一般会场如果是戏院式或课座式的会场，即客人和来宾是坐在椅子上的，那么应该设主席台或讲台。如果会场设置是鸡尾酒形式的，客人都是站立的，那么主席台可以是自由式的；也可以将主席台略垫高一个台阶，用红色地毯或带色的漆涂上，色调一定要和整个会场相协调。如果是酒会形式的，则应在会场的后部或侧面沿墙设一些酒水台，供客人取用。无论是酒会形式的还是自由式的，都应在会场内和外设一个专门的休息区，供一部分年纪较大或身体较弱的嘉宾会前或会后休息用。

（3）会场设备

会场的灯光一定要经过调试，给人以明快的感觉并能烘托会场的气氛；空调要适度，不可太冷或太热，要与整个城市或地区的温度相适应。如果冬天在北方地区，室内外温度相差很大的话，则在会场内要设立一个衣帽间或衣帽区；如夏天室外温度很热而室内冷气太冻的话，亦要准备一些披巾等照顾部分女士，以防感冒着凉。

会场应配备两个以上麦克风，音响设备要能够达到要求。如有特别需要，还应有录音、录像设备（由酒店专人负责使用），配备幻灯机或投影仪等。

从环保的角度出发，要设置吸烟区，一般情况下，吸烟区应设在会场的外部，与会场隔开。

（4）客人签到台

在会议厅外，要摆设签到台和迎宾台，由专人负责接待，设有签到簿、名片篮或碟、宣传资料、会议日程表，也可以将会议资料和小礼品放在礼品袋中一同交给客人。

（5）资料台

会场的外部设置一个食品展示台，摆一些有关美食节的重要资料，如简介、宣传单、宣传画，该美食节的有关报道、照片或者有代表性的菜品实物。

（6）告示牌

在酒店入口大堂及发布会门口显眼的位置要摆放一个精心设计制作的告示牌，注明会议地点及时间。这样做的好处是一方面给嘉宾作指引，另一方面起广告宣传作用。

二、会议议程

1. 主持人

从新闻发布会的社会效果考虑，新闻发布会的主持人可以是邀请社会著名的电视或电台等新闻界、文艺界的主持人来担任。当然这样也会给酒店带来一定的经济负担，因为邀请外人需要支出较高的费用，从节约的角度，也可以由酒店的员工主持。选择酒店主持人的条件可以是副总经理，也可以是公关部经理或餐饮部经理等等，从公共关系的角度出发，公关部经理主持会议会更加名正言顺一些。

2. 介绍嘉宾

在会议开始时，出于对嘉宾的尊重，一般都要对到场的嘉宾进行介绍，介绍嘉宾的顺序应从社会地位考虑，按照政府官员、社会名流、行业前辈、酒店友好、酒店高层等顺序，在同一界别中应按职位高低、社会知名度大小、年龄大小来排列。

3. 酒店领导致辞

一般是酒店的最高管理层，即酒店的总经理或者负责餐饮的副总经理或餐饮总监致辞，感谢嘉宾的光临，介绍此次美食节的主要目的、主要特色、准备情况以及对美食节效果的期望。

4. 嘉宾代表致辞

选择有代表性的、德高望重的嘉宾致辞。主要讲对此次美食节的兴趣和期望，以及对美食节的祝愿等等。在美食节开幕之前，应对演讲嘉宾进行选择，并与演讲者进行沟通，让演讲者有所准备，也使主持人对嘉宾的演讲内容有所了解。

5. 协办单位代表致辞

协办单位代表最好是带队的负责人，一般是该单位的总厨，有时也可以是该单位的副总或餐饮总监（经理）。致辞的重点主要是对随队的厨师队伍进行介绍，每个人的职位，在烹饪方面的特点以及此次带来的主要食品种类、美食特色等等。

6. 出品的展示、品尝、交流

如果发布会是以酒会的形式进行，除了要在会场布置酒水台，还要安排服务员为客人斟酒水，酒水一般以饮料、红酒或香槟为主；另外，会场还应配备一些小的西点，如点心、小曲奇等等。如果想把酒会做得更隆重一些，还可以在会场设置一些客厨做的各式各样有特色的产品，一边展示一边供记者和嘉宾品尝。在嘉宾和记者品尝的过程中应由客厨与嘉宾或记者交流，介绍出品或拍照。

如果参加会议的人比较多，则可将高、中、低档次的菜肴分开摆放，或将高档菜和低档菜的品尝用具分别用筷子、刀叉或牙签等区分。因为从控制预算成本的角度来看，会议的经费是有计划的，而诸如鲍、参、燕、翅、肚等高档的贵重菜的数量是有限的，只可用牙签来品试，尽量不用餐具来尝试。而大宗性的小炒、特色菜、大众菜则可在量和品尝方式上大方一些。在出品的摆设上也可按照冷菜、热菜、点心等方式。形式可以多样，主要以效果为依据。为了让嘉宾在参加会议之前能有所准备和了解，在发布会的邀请函或会议日程中可以附上一份菜单，菜单对每一份菜式都应注明序号、菜名、冷热菜或点心，附样本。如有可能还应附带详细的说明，供记者写稿参考。

7. 新闻稿件

为了使参加新闻发布会的记者对此次新闻发布会的内容有所了解，酒店公关部应在会议之前打印一份此次美食节的基本介绍，发给参会的记者和嘉宾。新闻稿的主要内容包括：此次美食节的举办目的、美食节的主要菜式特点、协办单位的基本情况以及此次美食节的准备情况等等。

新闻稿是美食节新闻报道的主线，参会记者会根据这条主线从不同的侧面寻找报道的内容。

8. 记者采访

与会记者在新闻发布会上会与主办方和协办方进行交流采访，拍摄出品照片，撰写新闻报道，参加会议的厨师们在会议期间要守在出品旁边，随时解答记者的提问。

酒店也会在会议现场事先准备一些台椅，便于记者书写。

9. 欢送嘉宾

会议结束时，酒店人员应在会场出口列队与嘉宾握手道谢。

三、会后跟办事项

1. 礼品

美食节期间，酒店应根据情况设计或订购一些有纪念意义的并与此次美食节有关联的小礼品，赠送给不同的客人。这些礼品最好是协办方所在地的文化纪念品，这些礼品可在新闻发布会上摆设展示，也可以装入礼品袋中，在嘉宾和记者离店时送出。但是对重量级的嘉宾，例如政府的较高级别领导或行业领导，则还应有较贵重或较大一点的礼品，这些礼品不方便在会上赠送，应另找时间或机会送上。

2. 感谢信

在新闻发布会结束后，为了礼貌和尊重，还应随后再给前来出席发布会的人员发一封感谢信，感谢他们前来参加会议，支持美食节的举办；另外，还应同时附上该出席者在发布会上的部分活动照片，以示感谢。

3. 新闻报道资料的收集与赠送

（1）酒店美食节新闻资料的作用

酒店新闻发布会后，美食节随即开始，紧接着的就是传媒轰炸式的报道，因为传媒最讲究新闻的时效性，第一轮的报道都是以新闻形式的，之后才是评论性的。其间，酒店在饮食或其他较有影响的刊物或报章上也会有一些广告被登出，其他诸如小型的报道或推荐类的文章也会时有刊登，所有这些报道都是酒店的宝贵资料，应该采用一定的手段进行广泛地收集，其重要的作用有以下几个方面。

①日后评估和总结新闻发布会的效果。新闻发布会的效果大部分都体现在见报率上，收集此资料是统计见报率的必要途径。

②评价酒店用于新闻推广的成本价值。酒店美食节的推广有各种不同的成本方案，最终的目标与期望值是否有差距，差距有多大，都是值得评价的。

③评价酒店的新闻推广价值及对生意的帮助效果。在酒店举办美食节期间，美食节的餐厅的员工对于光顾的客人都会询问他们是根据何种渠道知道酒店正在举办美食节的，然后根据客人的回答进行统计，如果客人是持某家传媒报纸和杂志的某种优惠券前往酒店就由此可得到一定的优惠或赠品。这样不仅便于酒店的统计，还对客人有一定的鼓励作用。

（2）新闻报道资料的收集方法

①专业的索引机构。在香港及西方国家，有一种专门为客户查找和收集新闻资料的公司，他们以合同的形式，每月固定多少费用，然后将所有酒店需要在该城市的各种报纸和杂志刊登的有关酒店的所有报道收集齐全交给酒店。也有的公司是以酒店每一条信息资料收多少钱的价格条件签订合同的，具体的收费都是以合同为依据。

②由于许多酒店的资金比较紧张，并不想在此方面增加酒店的成本（美食节的经营成本），故可以自行收集有关的资料。收集的方式可以是多方面的，一是可以向参加新闻发布会或酒会的新闻朋友打个招呼，让他们一旦有这方面的新闻刊登出来即通知酒店，然后酒店找

到后保留下来。二是指定酒店的某个部门（一般是公关部门）或是酒店内订阅各种报纸和刊物的同事，凡是见到有关酒店方面的报道资料一律协助剪辑下来。酒店可以设立一些小的奖励，刺激员工为酒店收集资料。这样做一方面达到了收集资料的目的，另一方面又鼓励员工读书和阅读资料，增长知识、开阔知识面。

③报道资料在收集的过程中最好按时间的先后设立专门的档案夹，每一份报道单独设档，当整个美食节结束时，将其整理出来，作为评估效果用，使用完后再归档。还可以复制后作为礼品赠送给协办方。

（3）报道资料的使用

①内部广告效用，鼓舞士气

酒店餐饮部或公关部门将每日收集到的报道制成传阅夹，每日供酒店管理阶层的成员传阅。另外，还可以制成演示文稿或墙报，在员工布告栏和员工杂志（报纸）上做宣传用，使酒店的员工都知道酒店美食节的情况，有利于员工随时回答客人的询问，并且可以向家庭成员、亲朋好友推荐。

②统计见报率和广告效用

$$见报率 = 美食节报道被刊登出的频率$$

即刊登此项报道的各种报纸销量总和。

$$广告效用 = 某报纸 \times 发行量$$

通过对见报率和广告效用的统计，可以知道各种推广活动对美食节的促进作用。通过资料的统计可以分析出美食节的真正效果，为下一步的宣传推广计划提供参考。如果宣传效果好，即可继续或进一步加强这种推广；如果是本次美食节已经接近尾声或已经结束，则可为下次的美食节的推广提供参考。

第三节
菜肴的推广

一、招牌菜的推荐

在美食节菜单中客厨必须树立几个十分有特色的招牌菜，而且在色、香、味、形等方面都要十分过得硬，这些招牌菜并非根据美食节的宣传推广需要推出来的，而是在客厨的所在地的消费者中吃出来的。在美食节开始前，客厨应将招牌菜的详细情况和食谱一并交给主办酒店，以便于酒店在广告及新闻发布会中使用。在美食节开始后为了保证上座率，酒店的服务人员要先接受招牌菜的培训，提高对招牌菜的认识度，以便随时介绍给客人。招牌菜的培训内容分为：

（1）材料产地性质、口味，对身体的保健功效。

（2）烹饪方法。

（3）饮用方法。

酒店也可在餐台上摆放特制的有关招牌菜的简介，员工在向客人推荐菜式时，也要先介绍招牌菜，以便客人确实能够体验到美食节菜式的美味佳肴，以此为广告，带来更多的回头客。这些招牌菜也一定要展示在美食节的新闻发布会上。

二、招牌菜的推广策略

1. 价格策略

按照一般的销售规律，越是招牌菜，越是价格偏高。为了更好地推广美食节，招徕更多的食客，我们在美食节的推广中，也经常用招牌菜进行促销，就是不定期地选择一两款（不超过两款）的招牌菜为特价，降低价格，将其作为“吸铁石”，吸引客人前来。价格的降低幅度可由主办者根据需要制定，可以略有利润，也可以是成本价，甚至还可以低于成本。对于本身成本很低的招牌菜，甚至可以做赔本的生意，客人抵店后肯定不会仅吃此一个菜，当客人点其他菜时，利润便在其中了。

2. 限量策略

招牌菜是美食节的卖点，当推出并获得了消费者的认同后，可以限量卖，每日限量生产，先到先得。这样可以刺激客人提前订餐，订晚了可能就享受不到了。限量可以是在每张桌限量一份或每人一份。俗话说，物以稀为贵，如果限量供应，势必会使客人来的次数增加。一旦招牌菜订购紧张，客人就会蜂拥而来。

3. 限制外卖策略

招牌菜是在别处无法购到的。为了提高餐厅的上座率，可以采用限制外卖政策，仅可在餐台上供应，即客人只有入席才可以点到此招牌菜。这样就可以起到招牌菜的作用。

三、招牌菜的宣传

招牌菜的推广是要靠人的宣传来达到的，最直接的宣传媒介是酒店的服务人员。当酒店确定了招牌菜后，厨师要向服务人员介绍菜的制作方法，并让服务人员品尝，能够使他们感受到此菜的美味，从心里去赞赏此菜，才能在客人面前介绍和推荐。一个有吸引力的招牌菜一定不应缺少推广的培训，因为许多客人来餐厅品尝美食节的菜肴之前，并不十分了解这些新菜式，而且也不可能一次过将菜牌上的菜全部试吃。因此，总想借用别人的经验。而别人的经验，服务人员是最了解的，服务人员向客人介绍菜肴时，一定要从客人喜欢的菜推荐起，千万不要从菜价高的菜推荐起，这样会引起客人的反感。所谓客人喜欢的菜就是客人点购数量最多的菜。餐厅在每日的营业结束后，最好是统计出当日共卖出各种菜肴的数量，按照数量依次排列，打出排列表，让服务人员和厨师们都知道，以便心中有数。

第六章
美食节的核算

酒店美食节的成功与否，

不仅要看它对酒店饮食形象的宣传效果，

更重要的是要看它对酒店经营利润的贡献。

由此，要在美食节举办期间，

由始至终地加强各项经营品种的核算和控制，

对各项费用精打细算。

本章重点介绍美食节经营核算的主要内容和方法。

第一节
美食节经营效益的核算

一、美食节收益的核算

通常美食节的收入核算是和餐厅内的其他食品一起核算的。为了便于区分不同食品的收入，一般可有两种方式进行核算。一是在电脑中设置美食节的专门食谱，由电脑进行统一区分。这是一项比较大的软件工程，要由电脑对每个菜分类进行分辨，还需要将不同的菜单进行设置。例如，一桌菜中有不同类别，有冷菜、汤菜、热菜、主食、点心等，还有酒水都要按一定的菜式标准来区分。由于酒店举办美食节的规模和频率都不是很大、很高，所以目前针对美食节而特别开发的电脑软件并不多，如果专门为某一个美食节而来开发一个软件也太不值得。当然，对于那些经常举办美食节的酒店或是将美食节列为酒店的日常经营项目，每年都会举办几次美食节的酒店则是有必要的。另一种方式是用人工或电脑记录餐厅当日所有菜式的销售量，然后在营业结束后统一计算美食节菜式的销量，从总的营业收入中提出。至于其他方面的收入，可采用百分比分摊方式划拨到不同的美食中去。

另外，在美食节举办期间，有时酒店的其他餐厅或者酒店客房的送餐服务会点购美食节的食品，而这些食品都要设法计入美食节的收入内。为了计算方便和统计准确，酒店每天营业结束后，都要分项统计当天美食节的各项收入，并计算从开始举办到当天累计的资料，如果条件允许，可以设计许多不同的统计和分析项目进行核算。

美食节的收益核算主要是计算美食节的经济效益状况，总结美食节的各项运作程序是否符合财务核算规定，计算美食节活动中各个项目的量、本、利结果，对照美食节的预期目标做出正确的效益评价，为下一次的美食节提供相对准确的参考资料。

美食节收益核算分析的方法，大多数是采用比较的方法。就是将举办美食节的餐厅的总收入或分项收入同去年同期比较，以及同预算中的预期目标进行比较，或者同未举办美食节的月份的营业收入进行比较。经过比较，如果实际收入比预算收入或者说是比预期的收入高，就说明美食节在收入方面达到或超出了预期的目标，美食节的宣传、推广作用起了效果。如果经过比较，实际的收入还不如美食节举办之前的收入，那就要认真地进行检讨，找出问题所在，这些问题是否可以改正或避免。如果同时有多项问题存在，就要设法找出其中的一个或几个可以影响其他问题的主要问题。无论这些问题可以解决或者不能解决，都要找出问题症结所在，研究下次的美食节是否会存在同样的问题，应该怎样避免。

二、美食节食品原材料成本的核算

美食节食品原材料成本的核算，应追溯到前来举办美食节的客厨在拟办美食节初期对美食节产品的原材料产地的采购工作开始，以及美食节举办前后进行的各项工作的核算。

前章说过美食节成本包括三个部分：一是美食节举办前客厨在食

品的原产地购买的许多美食节必须使用而举办地又无法购到或无法用其他食品替代的食品原材料。这些食品原材料一般由客厨先行垫付资金，在产地采购，运到举办地后，全部经主办酒店验收后连同购货时的采购、搬运、短途运输、包装费及长途运输等费用一同报销。这些食品原材料的采购程序是：

协办方（客厨）列出菜单并列出原材料品种传真给主办方

↓

主办方审核菜单并交给采购人员在当地寻找货源，对无货源的品种，将清单列出回传协办方，希望协办方在产地寻价

↓

协办方寻价后将价目单回传主办方，征询意见

↓

主办方确定并将意见反馈协办方

↓

协办方协助购买并代办托运至主办方

↓

主办方收货、验收

↓

协办方抵达后将发票交主办方，办理报销事宜

酒店财务部在核算这些项目时，要分三部分进行。

第一部分是首先要看整个过程是否按照既定的财务核算程序进行。然后核算美食节食品成本中在原料产地购买的食品原材料的成本及这部分费用是否真实，有无不合手续的地方。再评价整个费用形成是否符合“多、快、好、省”的原则。

第二部分是在美食节开始后，在当地根据每天营业需要而购买的食品和物品，是美食节产品的某些原材料的替代材料或辅助材料，这部分食品的核算与日常酒店经营的核算方式是相同的。核算这部分费用时，除了正常的财务核算外，还要看这部分材料所发挥的效益与平

时的效益差距，如果回报相同，则未达到预期目的。

第三部分是在美食节结束后，剩余下来的食品原材料虽然未能在美食节期间全部用完，但是其价值仍然是与原购买价格相同，或者可以将此批货物转卖，按进货价转给酒店的其他餐厅。但是这部分费用已经在美食节的成本中摊销，应从中扣除，以减除虚假成本，核算出美食节的真实效益。

1. 部门或餐厅的核算

美食节的举办，可以是中餐，也可以是西餐。在美食节举办期间，或许各个餐厅都会有各种食品原材料或人力物力投入到美食节中去，如果按中西餐来核算，即每个餐厅在美食节期间的所有用于美食节的原材料成本都应计入美食节的成本内：

出库的材料数量×进货价格＋各项杂费（如搬运、储存）

在各部门的核算中，还要将部门的预算与实际的发生额进行分析比较，同时将部门的收益与预测目标进行比较分析。

2. 按餐别分类的核算

在核算美食节成本时也可以按举办美食节的用餐时间来划分核算单位。例如，早餐、午餐、晚餐等，酒店的早餐可以是平时的普通早餐，也可以在其中添加一些美食节的出品；而午餐和晚餐则多为美食节的推广项目。当然，也可以仅仅将晚餐作为美食节来推广。例如，香港的许多酒店位于写字楼附近，早餐主要为住店客人使用，午餐多为写字楼客人，晚餐则服务于街客和商务客人、住店客人。因酒店早、午的生意原本就十分火爆不需要做美食推广，仅晚餐因为没有商务客人，所以要做美食节推广以扩大营业收入。这种情况对美食节推广的成本核算比较困难，可以按菜式品种来核算成本，例如，把每一份菜式的成本先计算出来，并根据菜单区分出美食节的菜肴，每天只统计每个菜肴售出的数量，月终核算各项费用的总数。

在美食节期间，酒店给予一些特殊住店客人一定数量的优惠和折扣，这些优惠或折扣也应计入到成本中去。例如：酒店的 VIP 卡持有者的优惠和折扣，以及持有酒店在宣传媒体上所刊登的许多优惠券的折扣亦应是成本的一部分。这部分的核算，除了要核算其成木和收益外，还要核算其折扣数量，对美食节期间的实际效益与未举办美食节之前的效益进行比较分析，评价其收益的增长幅度。

3. 按成本分类的核算

(1) 综合成本的核算

如果将酒店的某一个餐厅拿出来举办美食节，那么其综合成本的核算一向是酒店核算中的一个麻烦的事情。所谓综合成本，是指酒店餐饮部门共同使用的水、电、气、油等燃料、能源以及公共清洁、卫生等需要多个部门共同承担的成本费用。因为举办美食节的餐厅有时并非一日三餐都是出售美食节的产品，有的是晚餐，有的是午餐或午晚餐，即使是全日三餐举办美食节，也会与其他餐厅共同承担综合成本费用。这些综合成本费用的核算，最好是采用分摊的方法。最常见的分摊方法是按营业额分摊，即：将当月或一定核算日期内整个餐厅或参与核算的餐厅所消耗的综合成本费用合计，被参与核算的餐厅的总收入合计相除，再乘以百分比，得到单位收入的综合成本费用率，然后用美食节收入乘以单位收入的综合成本费用率，得到美食节综合成本费用。公式为：

核算期综合成本费用合计 ÷ 参与核算餐厅营业收入合计 × 100% = 每单位营业收入的综合成本费用率

或者：

每单位营业收入的综合成本率 × 美食节营业收入合计 = 美食节综合成本费用额

例如：某酒店某月份的综合成本费用合计为 15 万元，而酒店各餐厅当月营业收入合计为 100 万元，其综合成本率为 15 万 ÷100 万 ×100% =15%，即每万元收入中有 15% 的综合成本。同理，15% ×100 万 =15 万，即该酒店每月有 15 万元综合成本支出。

在核算过程中，如果每单位营业收入所耗用的综合成本率低，那么毛利润就高，相对效益就会更好。

（2）原材料成本的核算

美食节的原材料，主要包括食品原材料的主料、配料和调味料三大类。主料是制成各种单项菜肴的主要原料，以面粉、鸡、鸭、鱼、肉、蛋等为主，各种海产、干货、蔬菜和豆制品等次之。配料是制成各种单项菜肴的辅助材料，其中以各种蔬菜为主，鱼、肉、家禽等次之。调味料是制成各种单项菜肴的调味用料，如油、盐、酱、醋、味精、胡椒等主要起味道的综合或调节作用的用料，它在单位产品里用量很少，但必不可少。其核算方法，按照酒店日常的餐饮原材料成本核算基本原则，可以选用以下两种方法进行核算。

一种方法是存货领用法。即是对在美食节期间所需用的食品原材料购买后存于仓库，包括新购入的和原有的存货，都重新作为存货核算，然后根据营业需要按仓库领发料程序领取原材料，并把这部分原材料列入餐饮成本核算，厨房直接验收使用的原材料也列入成本一并核算。

另一种方法是倒挤耗用原材料的方法。即是凡是在美食节期间，举办美食节的餐厅，从仓库领取或购买食品原材料时，都要办理出库领发手续，但平时可以不必时时作餐饮成本处理，只需在该餐厅的餐饮原材料账户上挂账，到美食节结束时，或月末盘点时，根据库存编报的盘点表，对领取未用或未销的半成品和成品编报“厨房存货表”，然后用倒挤材料的方法，冲减库存材料和厨房存货后再列入成本。倒挤法的计算公式为：

本期耗用原材料金额 = 期初结余金额 + 本期购入金额 - 期末盘存金额

以上两种方法各有利弊，一般来讲，凡是美食节举办时间较短的核算，大多使用第一种方法。如美食节举办期较长，可采用第二种方法。

在美食节成本核算中，除了原材料数量和金额的核算外，还要将所有原材料成本分别与预算比较或与预期的指标进行比较，也可采用单位收入所耗用各种原材料的方法进行比较评价。

通过对美食节食品原材料的核算和比较分析，如果美食节的原材料成本高出预算成本，即说明了两个问题，或许是美食节成本预算做得不准确，或许本次美食节成本控制得不严格，如果超出预算太多，就有可能造成亏损，或者利润很薄，得不偿失。所以要设法找出问题的根源，及时纠正或在下次美食节时吸取经验，防止出现类似的问题。在进行上述各项核算时，也要审计整个核算程序是否严格，有无虚假和不实的内容。

三、美食节各项费用的核算

1. 准备费用

(1) 考察费用

有些特殊的美食节，酒店对其菜系并不十分了解，必须派员前往美食产地进行考察或洽谈。在未确定美食节之前，考察者的全部吃、住、行及其他考察费用只可挂账，如果美食节未能举办，此费用便计入餐饮部的经营成本；如果美食节决定举办，此费用则计入美食节费用中的前期准备费用。

（2）联络费用

即是在美食节举办之前的所有电话、传真、样品邮寄，客厨对特别原料的考察费用，各项前期资料的组织、编辑、邮寄费用等。

2. 人事费用

（1）客厨费用

客厨往返酒店和原驻地的路费、住宿费、餐饮、津贴、医疗、保险、招待、旅游、酒店往返机场（车站、码头）接送的短途运输费用等。

（2）内部员工费用

举办美食节的餐厅及厨房所有员工的各项人事费用（如果美食节是分段或分时进行则按照实际情况拆分）。

3. 原材料采购费用

（1）外地采购原材料

客厨在原产地采购美食节使用原材料所发生的各项不能计入原材料成本的正常费用，包括交通费、通讯费、搬运费、短途运送费、储藏费及长途运输费用等。

（2）本地采购原材料

除了在外地采购的美食节原材料所发生的费用之外，其他在本地采购食品原材料所发生的费用，包括正常采购和特殊采购费用。

（3）其他用具和材料

美食节所需用的其他用具及材料、物料的费用（如纪念品、小礼品、样品等）。

4. 宣传费用

（1）广告费

美食节的各项广告推广费用及与广告有关的各种费用（含广告样本的设计、编印、拍照、冲印）等，以及为以上用途而购买的其他材料。

（2）邀请传媒费用

包括邀请函件、请柬及邮寄费用，传媒试菜或菜品样本费用。

（3）邀请专栏作家费用

包括邀请各专栏作家的试菜、礼品及其他相关的费用。

（4）宣传资料费用

酒店内外各种广告、海报、宣传册、菜单（菜牌）、宣传单张、给客人寄送的资料费用。

5. 装饰费用

（1）场所装饰费用

举办美食节的餐厅或场所发生的各项装饰费用。

（2）服装费用

为举办美食节而购置的餐厅接待人员的服装费用（为增加美食节的气氛，一般都采购或制作若干有美食产地特色的服装，在举办美食节期间由员工穿戴服务）。

（3）礼品费用

为美食节而购买的各项礼物及礼品、包装费用等（主要是赠送协办方参加美食节的客厨和应邀进行指导的社会名流和行业专家）。

6. 行政费用

（1）通讯费用（含传真、长途电话）。

（2）办公费用（印刷、复印、打印）。

7. 经营费用

在经营美食节期间，该餐厅（部门）所发生的各项经营费用。

（1）折旧费用

主要是指在主办美食节的餐厅分拆或分摊的费用，即酒店每月按计划预提固定资产折旧分摊费用。

（2）燃料费用

美食节期间酒店的各项部门或餐厅都要正常经营，美食节的出品生产有时是固定的，有时也是不固定的，很难按炉灶、分时间或是分餐厅单独核算美食节的燃料费用，只能用每元收入所耗用的燃料数量来核算。其计算公式如下：

燃料费用＝燃料耗用总量 ÷ 总收入 × 美食节总收入 × 单位燃料价格

（3）水电费用

水电费用的核算，如果酒店有分区的记录表，则可按实际抄录，但是大部分酒店很难做到每日抄录各项资料，况且也不符合节约和效率的原则。因此，为了便于核算，一般也按照分摊的方法，即按以下公式计算：

水电费用＝水电总费用 ÷ 总收入 × 美食节总收入 × 单位水电价格

（4）餐具、厨具费用

美食节所使用的各种餐具、厨具等用品的购置及折旧或损耗费用。

（5）洗涤费用

为美食节而使用的各种用品的洗涤费用。

（6）维修费用

美食节期间各种用具和器具的维修费用。

（7）低值易耗品费用

各种低值易耗品的消耗费用。

（8）物料供应及仓储费用

包括采购及仓储租金和各种能源损耗费用。

（9）其他费用

其他在预算中不可预见的费用。

在各项费用的核算中，要对主要费用的合理性进行评价。费用的核算与成本核算不同，成本的核算主要是多和少的问题，而费用的核算除数量的多和少的问题之外，还有一个费用开支是否合理的问题以及在费用的开支程序上是否符合手续的问题。在费用的比较中，如果费用高出预算，成本低于或平于预算时，毛利率一定会高过预期目标；但是如果费用过高，利润率就会相对变低。因此，评价美食节的费用，应结合利润率的预算指标进行分析。

第二节
美食节其他各项指标的核算

一、总收入的核算

美食节的总收入，是由每日的总收入累加至美食节的截止日。仅为一个餐厅全日开放投入做美食节，则统计核算此项指标较为方便。假如一个餐厅仅仅以餐次提供给美食节，比如晚餐或午餐等，则应按照营业时间内的营业收入进行统计，有时其他餐厅亦有客人点购美食节的食品，其收入亦应计入美食节的收入中。总收入指标也是一个评价美食节各项指标的一项综合性指标。总收入是考核或评价美食节的一个基本指标，再加入其他评价元素，就可以分析出许许多多的相关技术指标来。如果单从营业收入的角度来评价总收入指标的话，在利润指标是正数的情况下，当然是数字越大越好。

二、利润总额的核算

利润总额是美食节核算的最终效果的体现。它是每次美食节结束后必须要进行核算的最重要指标。利润总额的计算公式为：

总收入 - 总成本 - 总费用 = 总利润

或：

每日平均利润 × 美食节举办天数 = 总利润

利润总额是酒店举办美食节的目的所在，评价此项指标时，最基本的方法是比较的方法。比较的对象是预期利润总额指标（见表24），预期利润总额指标和历年同期经营利润总额指标进行比较，如果美食节的利润总额指标高于各项参比指标，就说明美食节是成功的。

某酒店美食节预期目标分析表　（表24）

项目	实际(元)	预期(元)	实际与预期差距(%)	实际与预期差距(元)
一、销售收入				
1. 食品菜肴	2,094,355.00	1,911,733.00	8.72	182,622.00
2. 酒水饮料	61,468.00	76,613.00	24.64	15,145.00
合计：	2,155,823.00	1,988,346.00	7.77	167,477.00
二、销售成本				
1. 食品菜肴	701,608.93	580,019.94	17.33	121,588.99
2. 酒水饮料	16,058.00	13,813.32	13.98	2,244.68
合计：	717,666.93	593,833.26	29.87	123,833.67
三、毛利	1,468,446.07	1,394,513.24	50.35	73,932.83
四、费用				
1. 菜单、酒水牌	10,000.00	6,120.00	38.80	3,880.00
2. 宣传单张	8,000.00	5,270.00	34.13	2,730.00

（续上表）

项目	实际（元）	预期（元）	实际与预期差距（%）	实际与预期差距（元）
3. 客梯广告海报	1,500.00	938.00	37.47	561.60
4. 海报	1,500.00	914.80	39.01	585.20
5. 装饰	3,000.00	1,656.50	44.78	1,343.50
6. 外部横幅	5,000.00	2,650.00	47.00	2,350.00
7. 摄影	500	500	0.00	0.00
8. 邮费	20,000.00	16,670.40	16.65	3,329.60
9. 礼品	800	500.00	37.50	300.00
10. 客厨费用	42,000.00	38,565.35	8.18	3,434.65
11. 食品样品	15,000.00	4,367.07	70.89	10,632.93
12. 运输	300	300	0.00	0.00
13. 储存	500	500	0.00	0.00
14. 照片新闻稿	3,500.00	4,748.00	35.66	1,248.00
15. 半成品	80,600.00	82,304.52	2.12	1,704.52
16. 杂费	1,000.00	1,040.00	4.00	40.00
17. 广告费	69,612.00	68,147.80	2.10	1,464.20
费用合计：	262,812.00	235,192.44	10.51	27,619.55
五、税前利润	431,164.60	397,669.20	7.77	33,495.40
报送：总经理、副总经理、财务总监、餐饮总监、行政总厨、公关部经理				

三、就餐人数的核算

美食节开幕之前应设计各种有关表格，于每日营业结束后由餐厅主管填写，并由酒店夜间审核员将订餐单或点菜单上注明的人数核对，餐厅就餐人数的核对亦是按照点菜单上的茶位数量，核计用餐人数。

如有其他餐厅或其他营业点销售美食节供应出品，则只记录收入不记录人数。每日用餐人数表上的合计人数即为美食节用餐总人数。统计就餐人数的目的是为了核算美食节的其他各项指标，就餐人数同时也是考核美食节的业绩的一个因素，是核算人均消费的一个重要指标，它与其他指标进行比较或加入有关的核算公式时，就能够体现出许多实际的意义。

某酒店×××美食节人数统计分析表 （表 25）

日期	星期	天气	中餐		晚餐		特价晚餐		晚餐用餐人数	当日用餐人数
			成人	儿童	成人	儿童	成人	儿童		
1	一	晴	76	7	86	8	10	2	106	189
2	二	晴	51		46	1	23	3	73	124
3	三	晴	50		42	4	47	3	96	146
4	四	雨	56		23		23	5	51	107
5	五	晴	93		83	1	51		135	228
6	六	晴	81		52	11	43	4	110	191
7	日	晴	96	8	60	8	12	1	81	185
8	一	雨	65		29	2	17	3	51	116
9	二	晴	81		53	9	26	2	90	171

（续上表）

日期	星期	天气	中餐		晚餐		特价晚餐		晚餐用餐人数	当日用餐人数
			成人	儿童	成人	儿童	成人	儿童		
10	三	晴	124		27	4	14	4	49	173
11	四	晴	100		32	4	18	1	55	155
12	五	晴	86		38	4	41	6	89	175
13	六	晴	75		44		10	3	57	132
14	日	晴	63	10	70	7	25	5	107	180
15	一	晴	54		35	3	33	2	73	127
16	二	晴	37		64	5	9		78	115
17	三	晴	54		39	4	18	12	73	127
18	四	晴	53		54	11	35	4	104	157
19	五	晴	37		39	1	15		55	92
20	六	晴	46		81	18	13	3	115	161
21	日	晴	104	18	75	5	11	2	93	215
22	[illegible]	晴	68		24	2	2		28	96
23	一	晴	87		11	2	9		22	109
24	三	晴	38		75	1	8		84	122
25	四	晴	59		33	1	27	2	63	122
26	五	晴	81		52	9	18		79	160
27	六	晴	38		30	2			32	70
28	日	雨	56	10	41	9	10	1	61	127
29	一	雨	85		26	1	5		32	117
30	二	雨	63		26		24	1	51	129

四、人均消费额的核算

人均消费额是衡量美食节出品价格水平和客人消费能力的指标，它可以与其他食品种类的人均消费额进行比较，得到美食节食品市场竞争能力的排名，或者说美食节食品在某一种消费层次中所占的市场份额。其计算公式为：

人均消费额＝销售总收入÷销售总人数

在就餐人数相等的情况下，如果美食节的人均消费额高于其他饮食产品，或高于其他餐厅的客人人均消费额，这就说明美食节产品的竞争能力高于同类酒店的同类出品；反之，则说明美食节产品的竞争能力尚不如同类酒店的同类产品。

在酒店餐座入座率高的情况下，如果与其他饮食产品比较，就餐人数和消费额均高于其他饮食产品，说明产品的市场接受程度高。

五、人均利润额的核算

人均利润额指标有两种概念，一种是内部员工的创利额指标，另一种是每位顾客人均消费额中的利润额。我们这里指的就是后一种考核指标，也叫顾客人均利润贡献额，即核算美食节期间每接待一个顾客所获得的人均利润。其计算公式如下：

人均利润额 ＝ 美食节利润总额 ÷ 消费总人数

此项指标可以从不同的方面评价多方面的营业效果，还可以评价美食节产品受欢迎的程度，并通过这个指标判断分析美食节的价格调整空间和继续延长或举办的可行性。

六、酒店贵宾卡客人消费额的核算

酒店贵宾卡持有者，是酒店的基本客户，也可以说是主力客户。酒店每次举办美食推广，都会专门向酒店贵宾卡持有者发送信件及信息。贵宾卡持有者既是酒店的常客，也是美食节最易统计的消费客人，通过统计贵宾卡持有者的消费人数和消费金额，可以了解到美食节的举办效果。酒店美食节只是一个美食推广活动，通过这个活动，可以检测酒店的各项客户网络的维护效果，贵宾卡客人参与得越多，说明酒店客户关系维护得越好。这也可以作为一项忠诚度的评价指标。同时因为贵宾卡持有者是酒店忠诚的客人，酒店给予他们一定的优惠，因此，可以要求他们帮助酒店填写部分调查问卷，也可以通过优惠纪录来核实美食节的效果。从这个指标本身也可以分析出酒店在美食节活动中对贵宾卡客人的重视和维护水平。酒店贵宾卡客人消费额的计算公式为：

酒店贵宾卡客人的消费总额＝贵宾卡客人的消费人数×人均消费额

或：

酒店贵宾卡客人的消费总额＝贵宾卡客人的每日平均消费额×美食节举办天数

美食节期间客人消费形式统计分析 （表26）

餐别	电话促销	杂志优惠券	VIP卡	信用卡公司	集团员工	会议消费	公司消费	旅行社	合计
午餐	25	273	560	828	54	460	266	188	2654
晚餐	128	156	340	379	19	376	89	240	1727
合计	153	429	900	1207	73	836	355	428	4381
占收入的百分比	7.50%	9.39%	19.69%	26.41%	1.60%	18.29%	7.77%	9.36%	100%

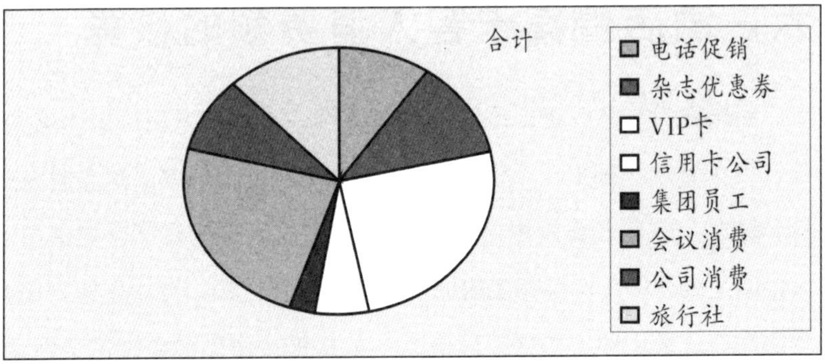

七、酒店普通客人消费额的核算

酒店普通客人的消费额是由美食节消费总收入减去贵宾卡客人的消费额所得的数额。其公式为：

酒店普通客人的消费额 = 美食节总收入 - 贵宾卡客人的消费总额

酒店普通消费者又分为两大部分。

一部分是持酒店在报纸或其他宣传媒体上刊登的优惠券消费的客人，通过这些客人的数量分析，评价出酒店的广告效果。核算这部分客人的数量和消费额的方法是将每日收到的优惠券分别统计，按照媒体的类别，将原始存根交由财务部门核算，美食节结束时，将各种媒体登载的优惠券数量累计，核实出通过各种不同媒体刊登的优惠券前来用餐的客人的数量。因为持优惠券前来用餐的都要有优惠券上规定的折扣，而折扣本身就是一种让利，如果这种让利使这一部分客人的数量增多，就达到了酒店希望采用薄利多销的政策来扩大营业额的目的；如果这种让利并没有扩大营业额，就证明酒店的这种政策的效果并没有达到或没有完全达到推销的目的，或者是酒店所选择的广告媒体的用户并不是本酒店的细分市场。通过这部分客人的统计，可以分析和比较不同媒体刊登出来的优惠券的数量，从而评价不同媒体的宣传效果。

另一部分是未持优惠券消费的客人，这一部分客人是属自行走入的客人，英文中通常称之为 WALK IN 客人。对于这一部分客人人数和消费额的统计，是由餐厅的服务人员在对客人服务的过程中友好地询问客人是通过什么渠道了解到本店美食节的信息，并将客人传递的信息记录下来，根据信息渠道进行统计，作为今后酒店美食节推广的一个参考依据（如表 27）。统计的内容包括：日期、人数、信息渠道、消费额等等。

美食节客源信息渠道统计表　　（表 27）

餐别	人次	传单	门前横幅	报纸 A	报纸 B	住店客人	街客	同事介绍
午餐	1717	96	120	86	457	500	380	78
晚餐	1413	87	240	43	93	700	130	120
合计	3130	183	360	129	550	1200	510	198
	100%	5.8%	11.5%	4.1%	17.6%	38.3%	16.3%	6.3%

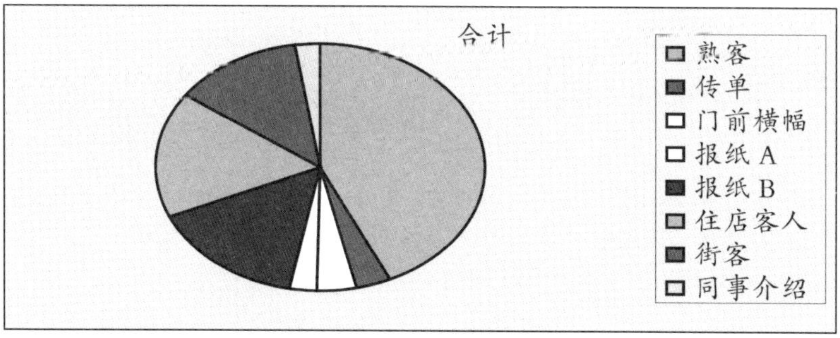

附录
中国地方特色美食

中国地大物博，饮食文化博大精深。

34个省、直辖市、自治区和特别行政区，

有着数不胜数的美食品种，

为各种美食节的举办提供了广阔的天地。

附录收集了各地著名特色美食菜肴和具有代表性的小吃品种，

供举办美食节的酒店和广大读者选择各种美食参考。

一、北京地方特色美食

1. 北京特色美食介绍

北京是我国首都，先后有辽、金、元、明、清五朝建都于此，是历史上著名古都之一。作为我国政治、经济、文化、外交中心，有汉、满、蒙古、回等各族人民在此定居。世界和全国各地文化在此融会交流，在饮食文化方面，形成了荟萃百家、兼收并蓄、格调高雅、风格独特、自成体系的“北京菜”，简称“京菜”。在烹调技术方面相互交流，取长补短，逐渐发展成为有本地区风味的北京菜系，并继承了明、清两代宫廷菜肴的精华。北京菜是由地方菜、清真菜、宫廷菜、官府菜等融合而成，其特点是口味浓厚清醇，质感多样，菜品繁多，四季分明，有完善独特的烹调技法，以爆、炒、熘、烤、涮、焖、蒸、氽、煮见长，口味以咸、甜、酸、辣、糟香、酱香为特色，擅长烹制羊肉、鸭肉等特色菜肴，如涮羊肉、北京烤鸭等。以猪肉为原料的菜肴，采用白煮、烧、燎的烹调方法，更是独创一格。

2. 北京著名的特色菜肴和小吃

谭家菜　厉家菜　全聚德烤鸭　涮羊肉　满汉全席　东来顺涮羊肉
天福号酱肘子　全鱼宴　菜包鸡　京门爆肚王　焦熘大肠　汽锅鸡
鸡米鹿筋　香菇肉饼　炒干贝芹菜　芥末汁螺片　三丝豇豆　烤肉
松子扒肉　葱爆羊肉　糟熘鱼片　黄焖鱼翅　虹鳟鱼丸　香葱猪蹄
炸野生蝎子　炸河鱼　滋补菌锅　白水羊头　北京都一处烧卖
坛子肉　扒猪脸　三不粘　北京灌肠　北京燕市豆汁　京城奶酪
炒疙瘩　七彩拉皮　香椿拌豆腐　六必居酱菜　老北京炸酱面
老家肉饼　驴打滚

二、天津地方特色美食

1. 天津特色美食介绍

天津菜，简称“津菜”，从形成发展至今已有300多年的历史，包括汉民菜、清真菜、素菜和地方小吃。天津菜的主要特点可概括为：善用两鲜，精于调味，讲究汁芡，注重火候，口味咸鲜，清淡为主。技法全面独特，除见长炸、烹、爆、烧、汆、煎、㸆、烩等技法外，勺扒、软溜、清炒、清蒸等技法最为独特。用料广泛，擅长河海两鲜、野禽津门物产，更因盛产鱼虾蟹，津菜厨师对烹饪河海鲜水产品极为讲究。津菜口味多变，以咸鲜清淡为主，味型有酸甜、酸甜咸、酸辣、咸甜、咸甜辣、酸咸辣等数十味。常在扒、烩、熬、炖部分中调以甜面酱、酱豆腐，使成品具有独特的浓厚清香气味，同时注重菜肴的配色，以和谐悦目见长。

2. 著名的地方特色菜肴和小吃

冬令四珍　四大扒　八大碗　狗不理包子　煎饼馃子和锅巴菜

天津油炸蚂蚱　十八街麻花　贴饽饽熬小鱼　耳朵眼炸糕

天津糕干　棒槌果子　果仁张　糖炒栗子　汤茶　煎焖子

豆香斋牛肉香圈　石头门坎包子　绿豆小煎饼　明顺斋烧饼

知味斋水爆肚

三、河北地方特色美食

1. 河北地方特色美食介绍

河北地广人多，风味菜有三大流派：冀中南派、宫廷塞外派、京东沿海派。冀中南派以保定为代表，特点是选料广泛，以山货和白洋淀的鱼、虾、蟹为主，重色、香，重套汤，做工精细，讲究汪油爆汁，明油亮芡。塞外派以承德为代表，特点是选用当地原料，善烹宫廷菜及山珍野味，它似北京宫廷菜，但禁忌牛、兔，刀工精细，重火功，讲究造型和装盘器皿，口味香酥咸鲜。京东沿海派以唐山为主，它濒临渤海，以烹制鲜活海产见长，特点是原料丰富，加工细腻，口味清淡，讲究油芡。

2. 著名的地方特色菜肴和小吃

狗肉全席　金毛狮子鱼　雪桥八仙　黄瓜宴　小白龙过江
干烧鱼尾　双椒爆鸡丁　豆豉苦瓜炒肉　红烧裙边　海参扒肘子
酱汁瓦块鱼　御土荷叶鸡　圣脂骨酥鱼　长寿菜　番茄腰柳
张家口烧南北　气锅野味八仙　柴沟堡熏肉　回民扒鸡
回记清真绿豆糕　白肉罩火烧　白运章包子　驴肉火烧
一篓油水饺　荞面河漏　槐茂酱菜　四条包子　鲜花玫瑰饼
承德凉粉　清宫御膳银丝杂面　承德改刀肉　承德拨御面
承德烙糕　油酥饽饽　任丘茄子饼　藁城宫面　阳原圪渣饼
本斋清蒸肉　棋子烧饼　青龙水豆腐　邯郸马头天福酥鱼
邯郸二毛鸡　冀州焖饼　洺关熏肠　锦发酱驴肉　酱汁瓦片鱼
唐山绿豆咯扎　香河肉饼　沧州油酥烧饼

四、山西地方特色美食

1. 山西地方特色美食介绍

山西菜又称“晋菜”，有着深厚的历史底蕴和文化积淀，基本口味以咸香为主，甜酸为辅，选料朴实，油厚色重、软嫩酥烂，烹饪注重火功。山西菜地域特点明显，分南、北、中三路。南路以运城、临汾为主，以海味为最；北路以大同、五台山为主，菜重油重色；中路以太原为主，兼南北之长，菜重色重味，香酥嫩烂。山西人爱吃面吃醋，山西面食在全国首屈一指，常言道“天下面食，尽在三晋”，面食是山西人的主食，由刀削面、拨鱼、拉面、刀拨面这四种面不断派生出来，吃法别致，风味各异。最奇的是山西面食可以成宴，且从头至尾不会相同。

2. 著名的地方特色菜肴和小吃

太原过油肉　大碗蒸酥鸡　阳城肉罐肉　五寨猪黑肉炖粉

定襄蒸肉　当参黄芪炖鸡　烧豆腐　烧三鲜　榆次灌肠　羊肉稍梅

汾酒牛肉　烧猪肝　上党糊肘子　东坡茄子　茄团　酱肘花

羊杂割　红酒牛肉煲　莜面栲姥姥　平遥碗托　山西刀削面

平遥牛肉　平遥起面饼子　平遥枣糕　平遥水煎包子　平遥拨栏子

甜椒酿豆腐　解州羊肉泡馍　太后御膳泡泡糕　应州牛腰　凉粉

漂抿曲（小河捞）　高平烧豆腐　闻喜煮饼　长治酥烧饼

晋南泡泡糕　曹家熏肉　帽汤　芮城酱菜　太谷熏鸽　繁峙豆腐

民间花馍　平定黄瓜干　平定豆叶菜　潞城甩饼

五、内蒙古地方特色美食

1. 内蒙古地方特色美食介绍

内蒙古位于我国西北边陲大草原上，其菜点主要体现在蒙古族菜点风味上。蒙古族人的饮食比较粗犷，以羊肉、奶、野菜及面食为主的菜点原料，烹调方法相对简单，以烤为著名。菜点丰满实在，注重原料的本味。蒙古族的饮食有白食、红食、茶食和面食四种。白食是奶食品的统称，蒙古语为“查干伊德”，分鲜奶、酸奶、奶酒等饮用品和奶皮子、奶酪、奶酥、奶油、奶酪丹（奶豆腐）等食用品。红食为肉类食品的统称，蒙古语称“乌兰伊得干”。红食有整羊背子、手扒羊肉、羊肉串、涮羊肉等等。蒙古族面食主要用麦面、青稞面、荞面和莜面制作而成。内蒙古的野味也很特别，如狍子肉、山鸡肉、山野菜、野生蘑菇等。

2. 著名的地方特色菜肴和小吃

烤全羊　诈马宴　涮羊肉　全羊席　手扒肉　炸羊尾　烤羊腿

烤牛腿　烤牛鞭　羊背子　羊羔背配窝窝　手抓羊肉

“成吉思汗”铁板烧　凤尾扒发菜　琵琶鱼翅　鸡茸奶豆腐　烧罕鼻

糖醋驼峰　赤峰名吃　马奶酒　奶茶　奶皮子　蒙古八珍　酸奶子

蒙古炒米　酒锅牛三宝　爱热格　米凉粉　刀切酥　黄焖羊羔肉

布羊血　兴安奶豆腐　红烧牛头　糜米酸粥　酸饭　红腌菜

卓资山烧鸡　阿拉善凉拌蹄黄　乌海全羊汤　赤峰包子

六、辽宁地方特色美食

1. 辽宁地方特色美食介绍

辽宁菜是继我国八大菜系之后推出的一个新菜系，是根据辽宁民族特点、区域特点、饮食习俗、烹饪技法创建的，是利用辽宁产的绿色原料、特有的烹饪工艺，结合辽宁各民族饮食文化习俗形成的独特菜系，是由清朝宫廷菜、王（府）菜、市井菜、民族菜和海鲜构成的。辽菜受满族饮食文化影响较为深远，宫廷菜的精湛与考究、王（府）菜的名贵与市井菜的雅俗共赏，民间的乡土浓厚形成了辽菜之广阔胸襟，同时融合了满、蒙古、朝、汉民族的特色，利用东北地区气候山水的优势，创造具有菜品丰富、季节分明、口味浓郁、讲究造型的辽菜。辽菜在技法上以“扒”著称，以“煎、炒、烹”见长，具有一菜多味，咸甜分明，酥烂香脆，色鲜味浓，明油亮芡，讲究造型的特点。另外，辽宁海岸线漫长，海鲜菜肴也占重要位置，而且能够以海鲜菜肴成宴。

2. 著名的地方特色菜肴和小吃

满汉全席　兴城全羊席　东北骨头王　山蘑炖笨鸡　沟帮子熏鸡
铁板烤鸡架　香煎鲈鱼　清蒸鲍鱼　清蒸加吉鱼　五彩雪花扇贝
红烤全虾　砂锅元鱼　风腿鲜鲍　水煮鱼片　红螺岘干豆腐
红梅鱼肚　红棉虾团　虹桥酱芥丝　凉拌海带　海蜇皮　喀泌灌肠
麒麟送子　兰花熊掌　烤牛肉　农家炖大骨鸡　游龙戏凤　李记坛肉
老边饺子　李连贵熏肉大饼　老山记海城馅饼　扒三白　葱花缸炉
干酱肉　抚顺小香肠　那家白肉血肠　鞍山枫叶肉干　鞍山肉枣
杨家吊烧饼　马烧麦　灌汤包　西塔大冷面　朝鲜族打糕

锦州什锦小菜　香水梨干　高桥小菜　海城馅饼　丹东泡菜

大连鲜焖子

七、吉林地方特色美食

1. 吉林地方特色美食介绍

吉林菜是近十几年形成的东北重要菜系。吉林多民族杂居，除汉族、满族外，还有朝鲜族、回族、蒙古族等少数民族，各民族之间的饮食习惯相互影响，形成了一些共同的饮食习俗。吉林菜分为四类，即农家菜、家常菜、山珍菜、鲜族风味。吉林菜具有“天然、绿色、营养、健康”的特点，贴近百姓，但讲究刀工、勺功，精工细作，擅长熘、爆、烧、烤、扒、炖、酱、拔丝，并且注意复合技法和吸收其他菜系的烹饪技法，注意“色、香、味、形、器”之和谐。吉林盛产人参、鹿茸、熊掌、飞龙、雪蛤、松茸蘑等珍稀物品，药膳结合菜选料珍奇，多用本省名贵的动植物特产，以烹制长白山珍宴、松花江水味宴、江城蚕豆宴、参花药膳宴、梅花鹿全席等出名。吉林的清真和朝鲜族菜点小吃富有浓郁的北国风味。

2. 著名的地方特色菜肴和小吃

清蒸白鱼　庆岭活鱼　盐火焗鱼　林海参蛙　人参鸡

翡翠人参茅台鸡　笨鸡炖榛蘑　山珍炖猪蹄　小鸡炖蘑菇

长白山珍宴　什锦田油鸡　鸡茸蕨菜　梅花海参　白扒猴头蘑

玉米松茸蘑　鹿茸三珍汤　烧鹿尾　白肉血肠　炒肉拉皮

灯笼蒸肉　扒猪脸　红烧丸子　糖醋排骨　猪肉炖粉条

羊肉烧芸豆　满族三套碗　天圣园火锅　渍菜白肉火锅
王记骨头炖菜　胡记真不同酱肉铺　炒三千　掌上明珠
吉祥土豆茄子泥　狗肉汤　炒肉渍菜粉　新兴园蒸饺　莜莜火烧
会友发包子　回宝珍饺子　朝鲜冷面　朝鲜酱汤　朝鲜泡菜
朝鲜咸菜　福源馆糕点　朝鲜打糕　芥末墩儿　六合糕　老韩头食品
鼎丰真糕点　雪衣豆沙　白山蕨菜　延边米肠　扣鹿三宝
东北一锅出　长春真不同酱菜　延边明太鱼

八、黑龙江地方特色美食

1. 黑龙江地方特色美食介绍

黑龙江地处北疆，是全国气候最低的省份，形成了黑龙江人饮食口味偏重咸辣的特色。其菜肴取材广泛，利用黑龙江特有的山珍野味、水产、飞禽为主要原料。烹调味重、色浓、肥厚、实在，菜肴较少配料，即便有配料，亦是主料相当突出。烹调技法擅长扒、烤，又保留着自己传统的炖、煮、熬等特色，菜点做工比较细，讲究刀工和勺功，调味多种、咸辣酸甜、色味香形、汤菜双佳，味浓口重是黑龙江菜的特点。已初步形成了传统菜、民族菜、农家菜、山珍野味菜和创新菜五大系列，具有天然、绿色、无污染等特性。有“冰雪山珍野味宴”、“龙江四珍宴”、“冰城八景宴”、“龙江名鱼宴”以及“龙江冰雪宴”等十多套独具东北特色的宴席，东北炖菜和东北冷菜很有特色。

2. 著名的地方特色菜肴和小吃

德莫利炖活鱼　大马哈鱼系列菜　酸菜鱼　镜泊鲤鱼丝　拌生鱼

飞龙汤　刨花鱼片　清炖熬花鱼　蛋泡银鱼　同江赫哲族生鱼

白扒猴头　兰花熊掌　清汤鹿尾　彩云酒醉猴头黄瓜香　母子猴菇

小鸡炖蘑菇　熏鸡　炸田鸡腿　白扒鼻　手把肉　烤肉　锅包肉

酸菜猪肉炖粉条　熘肉段　白水猪肝　东北杀猪菜　酸菜汆白肉

骨头王　北芪凤骨　熏肘花　水晶肚　绣球燕菜　龙江海米蕨菜

油虾小菜　地三鲜　美溪“三股流”雪肠　风干口条　风干香肠

白肉血肠　红肠　油脂肠　羊肝肠　松仁小肚　五香牛肉干

东北烂炖　酸辣粉皮　东北大拉皮　渍菜粉　羊汤锅贴　三鲜水饺

白鱼水饺　老都一处水饺　大肉饼　荞麦饸烙　椒盐饼　玫瑰酥饼

黄米切糕　金龙麻花　糖窝丝　克东腐乳　冻豆腐　列巴　俄式大餐

冰糖葫芦　老鼎丰糕点　酥合利　冰雪宴　冰点　冰果

九、上海地方特色美食

1. 上海地方特色美食介绍

上海菜简称“沪菜”，是我国主要的地方风味之一。它的形成和发展除了与本地人民生活习惯和丰富的物产资源有关外，亦同当地的政治、经济、文化的发展紧密相连。近百年来，由于上海地处祖国大陆的长江口，气候温和、物产丰富、工业发达、商业繁荣，上海菜也随之得到迅速发展，并逐渐形成了自己的特色。上海菜具有许多与众不同的特点，首先讲究选料新鲜，选用四季时令蔬菜、鱼虾，以江浙两省产品为主，取活为上，一年四季都有活鱼供客，当场活杀烹制。其次是四季有别。再次是烹调方法的不断改进，由原来的烧、蒸、煨、炒并重逐渐转为以烧、生煸、滑炒、糟、蒸为主，特别善烹四季河鲜，品质优良，刀工精细，制作考究，火候恰当，具有清淡素雅、咸鲜适中、口味多样、适应面广、风味特别等优点。广义的上海菜以本帮菜为主，广泛吸收外来菜的特点从而形成了综合性、广泛性的菜系。

2. 著名的地方特色菜肴和小吃

松江鲈鱼　蟹粉烩鱼翅　百花竹荪鱼翅卷　油爆虾　滑炒虾仁
水晶河虾仁　虾子大乌参　生煸草头　红烧鲜蛔　青鱼秃肺
青鱼下巴甩水　崇明鳗鲡　清蒸大闸蟹　炒糟香鱼丝　三丝熘鱼卷
菠菜滑鱼丁　青鱼　响油鳝糊　小绍兴白斩鸡　五味焖鸡腿
茅台鸡　越式焦鸡　八宝鸭　二胡鸭　鸡骨酱　脆皮乳鸽
八宝酱菜　红烧烤麸　枫泾丁蹄　瓦缸焖肉　水晶肴肉　糟钵
蚝油牛肉　红烧圈子　罗汉上素　红花豆腐饺　上汤竹千张
鸡鸭血汤　竹笋鳝糊　小绍兴鸡粥　南翔小笼包　萝卜丝油墩子
生煎馒头　素菜包　油氽馒头　开洋葱油饼　高桥松饼　枣泥酥饼
阳春面　蒸拌冷面　八宝饭　鸽蛋圆子　城隍庙梨膏糖　桂花甜酒酿
擂沙圆　排骨年糕　奶油五香豆　蟹壳黄　糟田螺

十、江苏地方特色美食

1. 江苏地方特色美食介绍

江苏菜简称“苏菜”或“淮扬菜”，是中国四大菜系之一，是由苏州、扬州、南京、镇江四大菜为代表而构成。江苏地处美丽富饶的长江三角洲，自古有着“苏湖熟，天下足”的赞誉。如今，江苏仍保持着“鱼米之乡”的美名，有“水乡江苏”之称。其菜肴的特点是用料广泛，擅烹制鲜活淡水产品，浓中带淡、鲜香酥烂、原汁原汤、浓而不腻、口味平和、咸中带甜。其烹调技艺以擅长炖、焖、烧、煨而著称，烹调时用料严谨、注意配色、讲究造型、口味有别、刀工精细、醇厚入味。风格清新淡雅，无论是工艺冷盘、花色热菜，还是瓜果雕刻、脱骨浑制或雕镂剔透，都显示了精湛的刀工技术。

2. 著名的地方特色菜肴和小吃

金陵烤鸭　南京盐水鸭　南京板鸭　南京鱼汤小刀面　无锡烤鸭
苏州酱鸭　出骨生脱鸭　回鳃鲈鱼　脆皮银鱼　出骨刀鱼球
拆烩鲢鱼头　活鱼锅贴　爆目鱼花　羊方藏鱼　拆烩推浪鱼
翠珠鱼花　龙门鱼　生炝虾条　清炖蟹粉狮子头　南京香肚
水晶肴蹄　东坡回锅肉　霸王别姬　板湖百叶　三丝燕菜
白汁西露笋尖　清汤脱肺　蟹黄豆腐　平桥豆腐　软煎蟹合
牛肉锅贴　石梅盘香饼　扬州炒饭　莲子血糯饭　翡翠烧卖
鸡汁汤包　富春包子　小笼包　千层油糕　藕粉圆子　挂粉汤圆
鸭血汤　鸭血粉丝　小煮面　如意回卤干　太湖三白　泰州干丝
老街豆腐干　泗洪空心挂面　大拉皮炖回鱼　泗阳膘鸡

十一、浙江地方特色美食

1. 浙江地方特色美食介绍

浙江菜烹饪历史悠久，是我国八大菜系之一。浙江菜主要源于杭州菜、宁波菜、绍兴菜、温州菜等地方风味菜，其中以杭州菜最负盛名。杭州傍于钱塘江，又有西湖风景地，气候宜人，盛产淡水鱼虾，不少名菜来自民间。烹调方法以爆、炒、炸、焖为主，制作精细，变化较多，以清鲜、爽脆而著称。宁波菜鲜咸合一，以蒸、烤、炖制海鲜为主。绍兴菜讲究原汁原味，突出嫩、软、滑的特点，擅长烹制河鲜、家禽，入口香酥绵糯，汤浓味重，富有乡土风味。温州菜以海鲜为主，菜品口味新鲜，淡而不薄。烹调技术讲究轻油，轻芡，注重刀工。浙江菜的总体特点具有选料讲究、烹饪独到、注重本味和制作精细的特点。

2. 著名的地方特色菜肴和小吃

西湖醋鱼　淡水鱼　清蒸鲥鱼　腐皮包黄鱼　苔菜拖黄鱼
红烧冰糖甲鱼　蛤蜊黄鱼羹　宋嫂鱼羹　清汤鱼圆　锦绣鱼丝
三丝敲鱼　雪菜大黄鱼　炸熘黄鱼　软火熘鲫鱼　锅烧河鳗
生爆鳝片　爆墨鱼花　龙井虾仁　番茄虾仁锅巴　清汤越鸡
叫化童鸡　糟鸡　栗子炒子鸡　火踵神仙鸭　网油包鹅肝　老鹅煲
千叶鹅肉　东坡肉　荷叶粉蒸肉　梅干菜焖肉　拔丝金腿
一品南乳肉　薄片火腿　虎跑素火腿　八宝香肚　红掌烩
野菌水晶冻　虾蛹香点　化王归巢　茄竹迎春　江郎三石
油焖春笋　西湖莼菜汤　菱角豆腐　八宝豆腐　溪口千层饼
猪肉麦饼　雁荡烙饼　姑嫂饼　吴山酥油饼　索面　片儿川
猫儿朵　南方迷宗大包　知味小笼　长人馄饨　白象香糕
矮人松糕　水晶蛋糕　酯糕　状元糕　县前汤圆　宁波汤圆
八宝饭　五芳斋粽子　蟹酿橙　葱包桧

十二、安徽地方特色美食

1. 安徽地方特色美食介绍

安徽菜简称“徽菜”，是我国八大菜系之一。徽菜起源于歙县，徽菜的扬名与徽商的生意兴隆相生相伴，明清时期，凡徽商涉足之地均设有徽菜馆。徽菜的风格与其他菜系不同，它以烹饪山珍野味而著称，选料严谨，务求新鲜活嫩，绝不滥竽充数。其制作讲究重油、重色之特点，擅长烧、炖、蒸，浓淡适宜。徽菜的技术特征在于：一是善于发挥原料本身的滋味，即保持原汁原味；二是常以火腿佐料，冰糖提鲜，料酒除腥引香，原汁原味；三是炖、蒸时，蛋白质水分解出富有鲜味的氨基酸，脂解分解出的有机酸同加进的料酒生成香脂，因而特别清香可口。菜肴具有酸嫩、鲜醇、浓香、咸鲜、爽口的特色，体现出古朴典雅的徽州人饮食特征。

2. 著名的地方特色菜肴和小吃

清蒸鲥鱼　鱼咬羊　徽州臭鳜鱼　油爆虾　包公鱼　葡萄鱼

清蒸石鸡　曹操鸡　芋儿烧鸡　花菇石鸡　雪冬烧山鸡　无为熏鸭

庐州烤鸭　六安酱鸭　咸鸭烧黄豆　黄山炖鸽　炸熘斑鸠

红烧狮子头　酸菜蹄膀　一品锅　什锦肉丁　山粉圆子烧肉

李鸿章大杂烩　八公山雪月银球　凤尾三秋　豆腐老鼠　芜湖芥菜圆子

素炒里脊丁　火烧冬笋　庐江小红头　油煎毛豆腐　腊八豆腐

徽州毛豆腐　五城茶干　徽州状元饭　冬菇鸡饺　江毛水饺　三河米饺

庐阳汤包　牛肉馍　蝴蝶面　徽州饼　徽州菜泡饭　萧家桥油酥饼

罗汉脐　梅干月饼　伏岭玫瑰酥　麻酥糖　芙蓉糕　无为送灶粑粑

示灯粑粑　一品玉带糕　韦家巷汤圆　荸荠圆子　大救驾

十三、福建地方特色美食

1. 福建地方特色美食介绍

福建菜是闽台风味，由于地理位置和历史渊源关系而形成。福建菜又称“闽菜”，是我国八大菜系之一，以烹调山珍海味而著称，在色、香、味、形俱佳的基础上，尤以“香、味”见长。福建菜选料精细，刀工严谨，讲究火候，注意调汤，喜用佐料，口味多变。它有四大明显特征：一为刀工巧妙，寓趣于味，素有剔花如荔、切丝如发、片薄如纸之美誉；二为汤菜众多，变化无穷，素有“一汤十变”之说；三为调味奇特，别具一格；四为烹调细腻，以炒、蒸、煨技术最为突出。由福州菜、闽南菜和闽西菜组成，其中福州菜为主要代表。闽南菜以厦门菜为代表。闽西菜以客家菜为主体。闽西菜以海鲜类为主，并以选料精细、刀工严谨、调味清鲜、重汤重味著称。闽菜具有淡雅、和醇、鲜嫩、荤香、不腻的风味特色。

2. 著名的地方特色菜肴和小吃

佛跳墙　珊瑚花枝片　扳指干贝　芙蓉干贝　干贝萝卜珠

翡翠珍珠鲍　淡糟香螺片　灵芝恋玉婵　鸡汤氽海蚌　醉蚌肉

红焖通心河鳗　煎糟鳗鱼　八宝书包鱼　菊花鲈鱼　七星鱼丸

一品鲳　软熘珠廉鱼　全节瓜黄瓜鱼　鸡茸鱼唇　海蛎煎

爆脆海蜇皮　七星鱼丸汤　琵琶虾　吉利虾　八宝蟹饭　海鲜拌辣椒

海蜇腰花　清炖全鸡　糟醉鸡　尤溪卜鸭　沙茶焖鸭肉　荔枝肉

建郡扁肉　十香醉排骨　南煎猪肝　炒西施舌　东壁龙珠

红烧五花肉　菜干扣肉　沙茶烤肉　腐皮肉卷　太极芋泥　烧肉粽

清真牛肉锅点　特制鱼丸　蛎饼　南普陀素菜　土笋冻　甜果

馅饼薄荷香糕　手抓面　面线糊　鼎边糊　花生汤　醉生
韭菜盒　红龟　光饼　千页糕　燕皮　寿迈

十四、江西地方特色美食

1. 江西地方特色美食介绍

江西简称“赣”，所以江西菜又称“赣菜”，包括南昌、九江、景德镇及井冈山等地的特色风味。江西菜擅烹山珍和水产，由于特殊环境气候所致，江西人饮食习惯中也是喜香辣和偏爱咸鲜，菜品色重油浓，口味注重浓郁，菜品多种多样。赣菜充分利用当地调味用料，在烹制过程中巧妙配合，使用不同的调料相互扩散、相互渗透并融为一体，产生滋味，同时又利用各种调味的特殊成分及其相互作用加以调和，达到清除异味、突出正味、丰富口味的效果。

2. 著名的地方特色菜肴和小吃

鄱阳湖狮子头　竹衣烧肉　炒东坡　烟笋烧肉　米粉蒸肉
滕王阁红酥肉　原笼船板肉　茼蒿炒腊肉　辣子超熏肉　风味烤卤
烤地虎　钵狗肉饭　三杯狗肉　三杯脚鱼　银鱼肉丝　脆皮石鱼卷
莴苣鳝鱼片　鱼片兴车豆腐　赣南小炒鱼　兴国鱼丝　麻辣鱼
石鱼炒蛋　鳅鱼钻豆腐　戈阳醋鸡　流浪鸡　匡庐石鸡腿　三杯鸡
庐山石鸡　石鸡两吃　糯鸡　生焖鸭　豫章酥鸭　“皇禽”酱鸭
莲花血鸭　瓦罐煨汤　五元龙凤汤　荷包胙　竹筒粉蒸肠
金钱吊葫芦　墨水粉皮　水豆腐　牛舌头　油炸小品　兰花根
小担蒸子糕　牛肉炒粉　南昌米粉　木瓜凉粉　红米碱水粑

灵芝糯团　清汤泡团　樟树包面　黄元米果　石头街麻花

十五、山东地方特色美食

1. 山东地方特色美食介绍

山东菜简称“鲁菜”，它是我国最早的地方风味菜，也是我国四大菜系之一。古齐鲁为孔孟故乡，是我国古代文化发祥地之一，其饮食文化也较为发达，而且历史悠久，自明清两代已经成为宫廷膳食的主体。山东菜系是由济南和胶东两种地方风味菜肴组成，近年来挖掘出来的孔府菜为山东菜增加了更加丰富的内容。鲁菜选料多选海鲜、动物内脏，尤其对动物内脏的加工技艺见长，刀工精细，注意菜肴的色彩和形象，其口味浓重，善用葱蒜姜调味，食物入口讲究清鲜、脆、嫩、纯，口感持久；其中：济南菜擅长爆、炸、烧、炒；胶东菜以烹制海鲜驰名，其烹调技术擅爆、炸、扒、蒸，口味以鲜为主，偏重清淡，对海珍品和小海味的烹制堪为一绝，力求鲜美。

2. 著名的地方特色菜肴和小吃

红烧活鲍鱼　糖醋鲤鱼　麒麟马哈鱼　清蒸加吉鱼　白汁酿鱼

黄河鲤鱼　脆鳞鱼　黄河刀鱼　整鱼两吃　三彩大虾　两吃大虾

油焖大虾　生呛梭子蟹　海米珍珠笋　油爆海螺　光棍鸡

德州扒鸡　济南肴鸡　锅烧鸭　寿字鸭羹　孟家扒蹄　龙眼凤肝

博山烤肉　烧饼卤驴肉　黄家烤肉　烟台焖子　清炖开凌梭

九转大肠　汆芙蓉黄管　六味豆腐　托板豆腐　八仙宴　炸荷花

奶汤蒲菜　大葱煎饼　农家巧饼　高庄饽饽　关东杠子头火烧

烟台粉丝　牙枣　摩茄　蓬莱小吃　包瓜　灌汤包　泉城大包
草包包子　五仁包　锅贴　清油盘丝饼　煎饼　石子旋饼
玫瑰糖炸糕

十六、河南地方特色美食

1. 河南地方特色美食介绍

河南菜简称“豫菜”，其口味以洛阳、开封为代表。历史上，河南曾在中国的政治、军事、经济、文化上占有重要位置，先后有近20个朝代建都或迁都于此，形成了宫廷菜、官府菜、市肆菜、寺庙菜和民间菜等多种菜系和口味。从地理位置看河南应为北方菜，但它又有别于北味，口味较淡，然淡而有味。豫菜的总体特点是：取料广泛，选料严谨；配菜恰当，刀工精细，讲究制汤；以咸为主，甜咸适度，鲜嫩适口，酥烂不碎，色彩典雅，淳朴大方，鲜香清淡，四季分明。

2. 著名的地方特色菜肴和小吃

黄焖鱼　糖醋熘鱼　长寿鱼　鲤鱼跃龙门　清蒸鲂鱼
煎扒鲭鱼头尾　鲤鱼焙面　芝麻翅中翅　蝴蝶海参
大葱烧海参　镇平道口烧鸡　潘金和烧鸡　榆树园张记烧鸡
马豫兴桶子鸡　洼斗烧鸡　姜汁热味鸡　正阳三黄鸡　飘香辣子鸡
香酥鸡　清汤东坡肉　扣碗酥肉　菊花火锅　五香兔肉　炸紫酥肉
安阳三熏　山药牛肉卷　罗锅酱肉　洛阳水席　洛阳燕菜
宋城御猫　套四宝　炒山芋泥　白扒豆腐　珍珠豆腐　琥珀冬瓜
酱红萝卜　炒凉粉　酱黄花菜　杞县红薯泥和酱萝卜　蜜汁江米藕

陕州糟蛋　不翻汤　阎家羊肉汤　尚记牛肉汤　胡辣汤　安阳粉浆饭

张家馄饨　老蔡记蒸饺和馄饨　新安汤面饺　锅贴　小笼灌汤包子

羊肉馍炕馍　萧记三鲜烩面　合记烩面　浆面条　葛记闷饼

脂油烧饼　御饼　三门峡麻花　花生糕　江米切糕　重阳花糕

龙须糕　琵琶酥　杏仁茶　冰糖熟梨

十七、湖北地方特色美食

1. 湖北地方特色美食介绍

湖北菜简称“鄂菜”，由武汉、荆州和黄州三种地方风味菜组成。湖北菜是侧重蒸、熘、炸、炒；特点是汁浓、芡稠、口重、味纯，具有朴素的民间特色。湖北的菜肴偏重辣味，但没有川菜和湘菜那么辣。武汉菜点花样品种较多，注重刀工、火候，讲究配色与造型，尤以煨汤技术为独到。荆州菜以烹制淡水鱼鲜见长，因各种蒸菜而最具特色，用芡薄，善于保持原味。黄州菜擅长烧、炒，用油较重，火候恰当，汁浓口重，味道偏咸，富有乡村风味。

2. 著名的地方特色菜肴和小吃

清蒸武昌鱼　茄子鳜鱼　黄焖甲鱼　橘瓣鱼丸　鱼圆传奇

荆州皮条鳝鱼　豉汁乌耳鳗　干贝丸子　八宝海参

荆州石首鸡茸鱼肚　干烧海鱼头　麒麟鳜鱼　老大兴鲤鱼　凉虾

荆州鱼糕丸子　金华玉树鸡　白果烧鸡　针菇鸡丝　鸡腿菇咸肉

豆皮肉卷　扣三丝　八宝橘盅　广水滑肉　黄州东坡肉　阳三蒸

汽水肉　洪山菜苔炒腊肉　蟠龙卷切　龙凤配　老同城三皮

襄樊糊辣汤　县网油砂　江陵八宝饭　麻城肉糕　武当斋饭
太和千张　土家米豆腐　东坡饼　云梦鱼面　牛油面　油香
黄陂三合　炒白果　糖发米糕　面窝　发米粑

十八、湖南地方特色美食

1. 湖南地方特色美食介绍

湖南菜简称“湘菜”，为我国八大菜系之一。湖南菜以品种丰富、味感鲜明而富地方特色，名师辈出、自成一系而闻名于世。湖南菜是以湘江流域、洞庭湖区和湘西山区的菜肴为代表发展而成的。其特点是用料广泛，油重色浓，多以辣椒、熏腊为原料，口味注重香鲜、酸辣、软嫩。刀工精妙、形味兼美，长于调味、酸辣著称；技法多样，尤重煨，烹调方法擅长腊、熏、煨、蒸、炖、炸、炒。酸辣多见于湘江流域的菜，以长沙、衡阳、湘潭为中心，特点是油重色浓，讲究实惠，注重香鲜、酸辣、软嫩，多以煨、炖、腊、蒸、炒为主。洞庭湖区的菜以烹制河鲜和家禽见长，芡大油厚，咸辣香糯，多以炖菜、烧菜为主。湘西菜擅长烹制山珍野味、烟熏肉和各种腌肉，常以柴炭作燃料，为美食增添浓厚的山乡风味。

2. 著名的地方特色菜肴和小吃

组庵鱼翅　酸辣笔筒鱿鱼　巴陵全鱼席　毛家火焙鱼　祁阳笔鱼
葵花虾饼　味虾　血粑鸭子　清汤柴把鸭　麻仁香酥鸭
姜爆飘香鸭　洞庭腊野鸭条　一鸭四吃　菜芷鸭江鸭　干锅手撕鸡
乌鸡天麻汤　君山银针鸡　东安仔鸡　毛家红烧肉　红椒酿肉

乡里腊肉　浏阳蒸菜　肉末酸豆角　柚皮蒸排骨　砂锅牛蹄
毛狗肉　红煨羊蹄花　宝塔香腰　口蘑汤泡肚　石门肥肠煲
芙蓉三鲜火锅　腊味合蒸　苗家菜豆腐　蒜蓉豆腐　红烧寒菌
宝庆猪血丸子　龙脂猪血　蝴蝶过海　乘火麒麟　团年菜
发丝百叶　三塘甜酸荞头　武冈卤菜　琥珀莲子　冰糖莲子
酸萝卜　油淋糯米鸡　糯米粽子　社饭　牛中三杰　桐叶粑粑
姊妹团子　柳德芳汤圆　土家族油馅　浏阳茴饼　德园包子
和记米粉　杨裕兴面条　椒盐馓子　湘宾春卷　麻仁奶糖　臭豆腐
黄鸭叫　灯芯糕　口味虾　鸭脖

十九、广东地方特色美食

1. 广东地方特色美食介绍

广东菜简称“粤菜”，是我国四大菜系之一，有“食在广州”的美誉。广东地处亚热带，濒临南海，四季常青，物产丰富，山珍海味无所不有，蔬果时鲜四季不同。广东菜是由广州菜、潮汕菜、客家菜三大类构成。广州菜集南海、番禺、东莞、顺德、中山等地方风味特色，兼京、淮扬等外省菜以及西菜之所长融为一体。广州菜取料广泛，品种花样繁多，令人眼花缭乱，天上飞的、地上爬的、水中游的，几乎都能上席，亦在烹制之列，而且经厨师之手即变成异品奇珍、美味佳肴，令中外人士刮目相看。其用料精而细，配料多而巧，装饰美而艳，注重质和味。口味比较清淡，清中求鲜，淡中求美，而且随着季节时令的变化而变化，食味讲究清、鲜、嫩、爽、滑、香，调味遍及酸、甜、苦、辣、咸，在烹调上以炒、煎、焖、煲、炖、扣等见长。潮汕菜以烹制海鲜、汤类和甜菜见长，刀工讲究，口味偏重香、浓、鲜、甜，喜用鱼露、沙茶酱、梅糕酱、姜酒等调味品。客家菜（东江地区）以肉类、砂锅菜见长，特点是下油重，口味偏咸，酱料简单，但主料突出，喜用三鸟、畜肉，很少配用蔬菜。

2. 著名的地方特色菜肴和小吃

红烧大裙翅　松子鱼　流溪大鱼头　鲮鱼球炒菜心　烧禾虫

龙虎斗　花江狗肉　广州烧鹅　卤水鸭掌　广州蛇宴　椒盐蛇碌

三水禾花雀　禾虫蒸蛋　蛇咬鸡　泥焗走地鸡　瓦锅花雕鸡

白切清远鸡　白切鸡　太爷鸡　文昌鸡　东江盐焗鸡　清蒸葵花鸡

烤鸡翅　香叶乌鬃鹅　潮汕卤水鹅掌　百花煎酿鹅掌　红烧乳鸽

金牌烧乳猪　碧绿山猪煲　咕噜肉　蜜汁叉烧　梅菜扣肉　白云猪手

白切狗　鲍汁扒柚皮　八宝冬瓜盅　佛跳墙　金箔干蒸　乡土木桶菜

客家酿豆腐　排骨蒸陈村粉　沙河粉　云吞面　泮塘马蹄糕

绿茵白兔饺　蟹黄灌汤饺　鱼翅饺　蜂窝芋饺　薄皮鲜虾饺　粉果

酥皮莲蓉包　春卷　家乡莲藕饼　煎芋饼　广州凉粉

二十、广西地方特色美食

1. 广西地方特色美食介绍

广西是一个以壮族为主体的多民族自治区，各民族依自己的风俗习惯和嗜好，创造出了多彩多姿、具有浓厚民族特色的传统风味菜肴。广西菜简称“桂菜”，是由广西的桂北、桂东南、海滨等地区的菜系和民族菜系组成。桂北地区菜肴口味醇厚，色泽浓重，擅炖、扣，嗜辛辣；桂东南地区菜肴等讲究鲜、嫩、爽、滑，用料广泛；海滨菜讲究调味，擅长海产制作；少数民族地区菜肴多就地取材，讲究实惠，制法独特，富于乡土气息。桂菜善于变化，注重配色，强调掌握原料的性能，并注重数量、口味质感，形状、色泽鲜明而引人入胜。注重味香，一是配味，二是腌制，三是制芡，四是火候。粗料细作，口味多样。

2. 著名的地方特色菜肴和小吃

清蒸漓江鱼　竹筒鱼　苗族竹板鱼　蛤蚧炖鹰龟　品味鱼片
盐水漓江虾　白鸽芝麻虾　杨朔田螺酿　春梅红烧参片
双冬烩鹅掌　白果炖老鸭　桂林荷叶鸭　柠檬鸭　血鸭
荔枝炒鸡球　板栗鸡　白斩鸡　梧州纸包鸡　蚝油柚皮鸡
党参炖全鸡　罗汉气锅鸡　蛤蚧炖全鸡　马蹄炒鸡球
炸马蹄虾盒　烤乳猪　杞子蒸肉饼　杜仲烩肉丝　桂花炒肉松
粉蒸肉　马蹄蒸肉饼　荷叶粉蒸肉　荔铺芋扣肉　灵川狗肉
龙城狗肉　羊肉干锅　香芋扣　柚子皮酿　九雀下蛋　盐蛋焗茄子
山水豆腐　生包菜　辣椒骨　桂林松糕　柳城云片糕　碗糕
米花　玉兰片　螺蛳粉　桂林米粉　八仙粉　干捞粉　卷筒粉
南宁生榨米粉　粉饺　粉虫　桂林粉利　桂林粽子　南宁肉粽
八宝饭　桂林水糍粑　桂林汤圆　豆蓉糯米饭　油炸粽
猪肉绿豆粽　马打滚　尼姑素面　老友面　邕州鱼饺　打油茶
粥品　酸品

二十一、海南地方特色美食

1. 海南地方特色美食介绍

海南菜又称“琼菜”，源于中原餐饮，融会闽粤烹艺，吸收黎苗食习，引进东南亚风味，形成中华烹饪王国一支年轻而具有鲜明特点，且颇有发展前景的地方菜系。海南是我国唯一的热带海洋大省，生猛海鲜是海南餐饮的一大特色。海南菜多出于沿海地区和中部山区，沿海地区菜肴以各种海鲜为主，擅长清蒸和炖煮；中部山区菜肴以野味为主，擅长煲、炖、扣等。海南菜烹饪原料上地方特色明显，对禽畜原料挑选严格，尤其是在菜肴中常出现海南的特色水果。椰味菜是海南餐饮的另一大特色，许多菜肴或小吃都有浓郁的椰味特色。

2. 著名的地方特色菜肴和小吃

和乐蟹　海南四宝蟹钳　清真后安溜鱼　万泉河鲤鱼　海南墨鱼丸

鱼肚　海鲜瓜盅　三味灯笼虾　椒盐琵琶虾　碧绿龙虾球

曲口海鲜　金华海鲜卷　梅花参　海胆风味　加积鸭　海南椰奶鸡

椰子炖鸡　文昌鸡　东山羊　那大狗肉　石山扣羊肉　黎家炸鹿肉

锦山牛肉干　临高乳猪　红椒酿肉　龟蛇大补汤　海南椰子船

四宝琼山豆腐　海南斋菜煲　五指山野菜　万宁四角豆　蒸海胆

打边炉　刺笋　黎家酸菜　红鱼粽　箕粽　海南煎粽　煎堆

苗家三色饭　荷包饭　黎家竹筒饭　牛腩饭　猪脚饭　海南萝卜糕

海南椰丝包　叉烧包　虾饺　娥姐粉果　抱罗粉　海南粉　海南煎饼

琼南伊府面　琼式月饼　山兰酒　鱼茶

二十二、重庆地方特色美食

1. 重庆地方特色美食介绍

重庆菜简称“渝菜”，同属四大菜系之一的川菜系，具有麻、辣、酸、香的特点。重庆菜点尤以麻辣为主，讲究色、香、味、形，在“味”上下功夫，以味之多、广、厚著称，主要有“麻、辣、咸、甜、酸、苦、香”，巧妙搭配、灵活多变，创造出麻辣、酸辣、红油、白油等几十种各具特色的复合味，味型之多，调制之妙，堪称中外菜肴之首，从而赢得了“一菜一格，百味百菜”的称誉。重庆菜最具盛名的是火锅。重庆火锅分红汤和清汤两种，红汤以麻辣鲜香为主，清汤以色清味鲜为特色。

2. 著名的地方特色菜肴和小吃

冷锅鱼　干烧岩鲤　脆皮鱼　水煮鱼　酸菜鱼　干烧鱼翅

白汁鲍鱼　荷包鱼肚　荔枝鱿鱼卷　油炸麻花鱼　一品海参

干煸鳝丝　清蒸江团　香辣蟹　辣子鸡　泉水鸡　重庆辣子鸡

黔江鸡杂　怪味鸡丝　魔芋烧鸭　枸杞鸭　樟茶鸭　神仙鸭

八宝鸭　老鸭汤　火爆爽脆　重庆火锅　清炖牛尾汤　水煮牛肉

毛牛肉　盐菜回锅肉　鱼香腰花　冰糖肘子　蒜泥白肉　糖醋排骨

香酥排骨　怪味兔丁　竹荪鸽蛋　龙眼烧白　酸辣豆花

鸡丝豆腐脑　酸辣粉　炒米糖开水　油醪糟　鸡丝凉面　绿豆面

过桥抄手　九园包子　鸡汁锅贴　香山蜜饼　麻团　凉糍粑

山城小汤圆　烫面油糕　叶儿粑　串串香

二十三、四川地方特色美食

1. 四川地方特色美食介绍

四川菜简称“川菜”，位于我国四大菜系之首，在我国的烹饪史上占有重要地位。它取材广泛，调味多变，菜式多样，口味清鲜，醇香并重，以善用麻辣著称，并且以别具一格的烹调方法和浓郁的地方风味，融会了东南西北各方的特点，博采众家之长，善于吸收，善于创新，享誉中外。川菜发展至今，具有用料广博、味道多样、菜肴适应面广三个特征，其中尤以味型多、变化巧妙而著称，“吃在中国，味在四川”，是世人所公认的。川菜之味以麻辣见长，采用辣椒和其他辣味料混合或分别使用，就出现了干香辣、醇香辣、油香辣、芳香辣、甜香辣、酱香辣等十多种不同辣味，四川菜常用的23种味型，与麻辣沾边的达13种，如口感咸鲜微辣的家常味型和咸甜辣香辛兼有的鱼香味型，以及表现不同层次麻辣的红油味型，使辣味调料发挥了各自的长处，辣出了风韵。川菜的烹饪方法大约有30多种，最有创新的是小炒、干煸、干烧、家常烧，其取料广泛，既有海鲜、野生菌类，又有家禽、蔬菜。

2. 著名的地方特色菜肴和小吃

老梭边鱼　东坡墨鱼　珍珠鱼　豆瓣鲫鱼　酸菜鱼　九尺板鸭

魔芋烧鸭　樟茶鸭子　仔姜鸭脯　宫保鸡丁　白宰鸡　卓筒鸡

椒麻鸡　怪味鸡块　白果烧鸡　棒棒鸡　羊耳鸡搭　鱼香肉丝

回锅肉　红烧肥肠　锅巴肉片　糯米蒸排骨　蒜泥白肉　夫妻肺片

跷脚牛肉　水煮牛肉　灯影牛肉　剑门豆腐　麻辣豆腐　麻婆豆腐

冒血旺　鸡豆花　麻团　赖汤圆　郭汤圆　珍珠圆子　官兵饭

奶制品　狮子糕　蛋烘糕　烫面油糕　肠肠儿粉　顺庆羊肉粉
女皇蒸凉面　甜水面　担担面　龙抄手　钟水饺　韩包子
四川蜜麻花　八宝蛋炸食　八宝黑米粥　古月胡三合泥
老干妈豆干　川北凉粉

二十四、贵州地方特色美食

1. 贵州地方特色美食介绍

贵州菜简称“黔菜”，由贵阳菜、黔北菜、少数民族菜组成。辣、咸、酸是贵州菜的主要特色。贵州人吃辣椒在全国首屈一指，黔味菜肴善用辣椒，辣香是其主要特点，可分为油辣、糊辣、干辣、青辣、糟辣、酸辣、麻辣、蒜辣八大系列。有的辣而酸、有的辣而香、有的辣得令人张口咋舌。贵州人素有腌制酸菜的习惯，酸菜在贵州菜肴中亦是不可缺少的主料之一。贵州菜中的酸菜和酸汤完全靠生物自然发酵而成，具有较好的消化功效。贵州菜肴讲究蘸水。蘸水的调料主要是辣椒、蒜泥、姜末、葱花、香菜、花椒等，可酌情添减。因辣椒的制法不同，蘸水又可以分为数种：糍粑辣椒蘸水——辣香浓厚；糊辣椒蘸水——干香浓郁；青椒西红柿蘸水——清香爽口……还有更讲究的，或在蘸水中加入油炸过的黄豆、花生，或调上腐乳撒上点脆臊、肉末，或拌上点折耳根、茴香、薄荷、苦蒜等等，口味别具一格。

2. 著名的地方特色菜肴和小吃

盐酸菜烧干鱼　糟辣脆皮鱼　冻鱼　酸辣海参锅巴　花溪清汤鹅火锅
竹笋鹅　鲍鱼干锅鸡　青椒童子鸡火锅　宫保鸡　苗家干锅鸡

辣子鸡　豆豉鸡　洋葱炖鸡腿　菠萝鸡肉丁　虎皮凤爪
爽脆水晶爪　花江狗肉　魔芋锅巴炒肉丝　荔波风猪　凉拌五花肉
幺铺毛肚火锅　贵州卤菜　黔味火锅　苗族酸汤菜　马蹄水鸭汤
云片竹荪汤　奢香玉簪　篮球鸽蛋　金钩挂玉牌　青岩豆腐
豆豉萝卜丁　凉拌折耳根　泡椒莲藕　阴辣椒　义兴刷把头
烤鸡皮　肠旺面　遵义豆花面　绥阳空心面　太师饼　贵阳鸡肉饼
安顺破酥包　安顺刺猬包　臊馄饨　遵义羊肉粉　铜仁绿豆粉
牛肉粉　米豆腐　恋爱豆腐果　豆腐圆子　毕节汤圆　吴家汤圆
荷叶糍粑　糕粑　碗耳糕　都匀冲冲糕　遵义鸡蛋糕　遵义黄糕粑
贵阳“丝娃娃”

二十五、云南地方特色美食

1. 云南地方特色美食介绍

云南菜也称“滇”菜，由滇东北、滇西和滇西南三个地区的风味菜构成。其菜点选料广、风味多，以烹制山珍、水鲜见长。其口味特点是鲜嫩、清香回甜、酸辣适中、偏酸辣微辣，讲究原汁原味，酥、脆、糯，重油醇厚，熟而不烂，嫩而不生，点缀得当，造型逼真。烹饪技法多样，既有汉族菜的蒸、炸、熘、卤、汆、炖，具有酥嫩、鲜醇、清爽、浓香的特点，又有少数民族的烤、冻、焐、腌等，具有浓郁的地方风味。

2. 著名的地方特色菜肴和小吃

槟榔江边鱼上树　大理砂锅鱼　腌酸鱼　酸笋煮鱼　香茅草烤鱼

品味鱼片　宜良烤鸭、烧鸭　陆良板鸭　血鸭　气锅鸡　辣子鸡
酸笋煮鸡　宝珠梨炒鸡丁　荷叶包鸡　蕉叶蒸鸡　火腿木瓜鸡
香茅草烧鸡　竹筒鸡　昌宁鸡枞　鸡杂炒干巴菌　竹筒烧肉
猪膘肉　叶包蒸肉　腌牛筋　炸牛皮　烧云腿　傣味蜂蛹
昆明酸腌菜　花菜腌菜拌蜂仔　邓川乳扇　河图大烧　山林素席
青椒松茸　三滴水　云腿豆焖饭　香竹饭　施甸三味　雕梅
骨鲊　水豆豉　大救驾（炒饵块）　丽江粑粑　米灌肠　烧豆腐
下村豆粉　鸡豆腐　保山“透心绿”　南秘　鸡豆冰粉
云南过桥米线　抓抓粉　奶油回饼　路南乳饼　春卷　四味荞包
破酥包子　五味沙糕　滇八件糕点　荞坨

二十六、西藏地方特色美食

1. 西藏地方特色美食介绍

“藏餐”是西藏菜肴的统称。它的形成主要在20世纪50年代后，是中华民族整个风味体系中独具特色的一支。其用料广泛，独具特色，西藏菜的口味讲究清淡、平和，有许多菜肴是除了盐和葱外不放其他调料的，体现了饮食文化返璞归真的时代潮流。西藏菜的主要菜肴原料为牛、羊、禽以及土豆、萝卜、瓜果类蔬菜；主食以米、面、青稞为主；喜欢重油、厚味和香、酥、甜、脆的食品；调料多用辣、酸，重用香料；烹饪方法以烤、炸、煎、煮为主。

2. 著名的地方特色菜肴和小吃

藏族传统宴席　虫草炖鸭　贝母炖鸡　松茸炖鸡　手掌参炖鸡

爆焖羊羔肉　红烧羊羔肉　炖羊肉　炖羊头　羊血肠　风干肉

生牛肉酱　蒸牛舌　辣牛肚　炸灌肺　藏族血肠　氽灌肠

吹肺吹肝　藏北三珍　布衣山珍　拉萨凉粉　拉萨土豆

糌粑　青稞酒　藏酒　酥油茶　甜茶　安多面片　人参果饭

奶品　藏式酥酪糕　煺（奶渣糕）　人参果奶渣糕　酥油饼

酸奶饼　香寨　吧啦饼　古突　麻森

二十七、陕西地方特色美食

1. 陕西地方特色美食介绍

陕西菜，也称“陕菜”，是中国重要的地域菜。陕西菜虽然没有名列全国的八大菜系之一，但西安作为千年古都、历史名城，餐饮风格自成一体，具有浓郁的地方特色。陕西菜由历史上的宫廷菜、官府菜、商贾菜、寺观菜、市肆菜、民间菜、少数民族菜和关中菜、陕南菜、陕北菜等多个方面组成。它用料广泛，选料严格，刀工细腻，讲究火功，精于用汤，长于用芡，注重原色、原形、原汁、原味，擅长炒、酿、蒸、炖、氽、炝、烩，风格华丽典雅，以鲜香、嫩爽、酥烂而独树一帜。陕菜原料不论跑、跳、潜、翔，肉、脏、头、尾，根、茎、花、果，都可利用。陕西菜的品性和风格是大度、大气、大俗、大雅，既有精雅的高档菜，又有普通的中低档菜；既包括一批传统菜、仿古菜、创新菜，又包括众多清真菜、素菜、药膳菜等等。陕西菜的味型是咸、鲜、酸、辣、香。

陕西菜有三个主要特点：一是主料突出，二是主味突出，三是香味突出。陕西的小吃兼收各民族珍馐之风味，挖掘继承历史宫廷小吃之技艺。陕西小吃的最大特点是精细、讲究。

2. 著名的地方特色菜肴和小吃

酿金钱发菜　金钱香菇　芙蓉猴头　红烧猴头　酱爆鱿鱼卷

红焖鳝鱼　红烧鲤鱼　炸香椿鱼　奶汤锅子鱼　八卦鱼肚

贵妃鸡翅　荷包仔鸡　葫芦鸡　三套鸭　樊记腊汁肉　带把肘子

封肉　水盆大肉　温拌腰丝　丁香肉丝　葫芦头　三皮丝　商之肉

红焖羊头　腊羊肉　波斯羊腿　粉蒸牛羊肉　黄焖狗肉　奶汤肚块

白玉金鱼汤　驼蹄羹　菊花锅　粉汤羊血　辣子蒜羊血　扒素四宝

四喜豆腐　凉皮　柿面糊塌　煎饼　富平太后饼　胡麻饼　水晶饼

大肉饼　黄桂柿子饼　乾州锅盔　王家核桃馍　金线油塔　边边面

安康蒸面　荞剁面　岐山臊子面　渭南时辰包子　灌汤包子

饺子宴　羊肉泡馍　蒸糕　宝鸡茶酥　临潼醪糟　商州糍粑

蜂蜜凉粽子　荠菜春卷　咸馓子

二十八、甘肃地方特色美食

1. 甘肃地方特色美食介绍

甘肃菜简称“陇菜”。甘肃省南北跨度很大，少数民族众多，其饮食特点除受地理、气候、物产等条件的影响外，还有古代饮食文化习俗的影响和各民族、各地区饮食风俗的相互交融以及外来饮食习俗的渗透。其菜肴的烹调方法有烧、烤、煮、蒸、炸、焖、炖、煎、熬、煨、卤、酱、炝、烩、涮、酿、糟、腌等。饮食口味以兰州为代表。甘肃菜点的特色是善烹牛羊肉，菜品少用配料，口味崇尚咸、鲜、酸、香、辣，重用香料，口味浓厚，肥腻。小吃面点则汇聚了回民清真饮食之精华。

2. 著名的地方特色菜肴和小吃

雪山驼掌　驼峰炒五丝　油爆驼峰　双塔鱼　糖醋鲤鱼　金鱼发菜

百花全鸡　百岁鸡　韭黄鸡丝　大盘鸡　静宁烧鸡　朱家沟邦子熏鸡

高三酱肉　烤全羊　张掖腊羊肉　黄焖羊羔肉　手抓羊肉　水盆羊肉

孜然羊肉　羊杂碎　菊花牛鞭　山盟海誓　驼蹄羹　夏河蹄筋

瓤白兰瓜　百合桃　天水杂烩　金城白塔　羊肉泡馍　牛肉拉面

浆水面　臊子面　兰州凉面　河州大饼　河州生煎包子　天水呱呱

兰州高担酿皮子　天水凉粉　陈春麻辣粉　敦煌榆钱　炸油糕

鱼儿粉　米汤油馓　香饭　米黄　灰豆　甜醅

二十九、青海地方特色美食

1. 青海地方特色美食介绍

青海是多民族地区，其饮食具有浓郁的高原特色和民族风味。青海菜特点是醇香、软酥、脆嫩、酸辣，兼有北方菜的清醇，川菜的麻、辣，南菜的鲜、香；少数民族菜肴粗放，主料以牛羊肉为多。

青海人喜爱面食，主要的面类食品分擀面类、揉面类、蒸面类、炸面类、团面类，尤以尕面片、拉条子、馓子、糌粑比较出名。牛羊肉类和奶制品也很多。

2. 著名的地方特色菜肴和小吃

红蒸湟鱼块　松子鱼　干板鱼　酸菜鱼　猴头驼峰　虫草雪鸡

爆焖羊羔肉　香酥岩羊　特色羊筋菜　红烧羊蹄筋　手抓羊肉

大块煮羊肉　羊肉筏子　清汤羊肚　清蒸牛蹄筋　梅花蹄筋

五香牛肉干　芝麻酱拌蹄筋　人参羊筋　牛羊杂碎　发菜蒸蛋

雪莲人参果　青海三烧　三色芙蓉丸子　酥油糌粑　醪糟　奶茶

奶皮　藏族酸奶　甜醅　酿皮　西宁凉粉　尕面片　羊肉炒面片

羊肉汆面片　臊子面　烩面片　羊肠面　干拌　麻食　羊肉麦仁饭

青海月饼　番薯饼　锅馍馍　馓子　姜拌汤　布丁　土司面包卷

蛋黄酥

三十、宁夏地方特色美食

1. 宁夏地方特色美食介绍

宁夏菜以回族风味菜为主体，也有部分汉族菜肴。它汇聚回族饮食之精华，崇尚清真、实在，尤擅长牛羊肉的烹饪。宁夏菜由家常菜、饮食市肆便餐菜、高档筵席菜等多层次菜肴组成。因宁夏回族同胞集中，使清真菜成为宁夏菜的主要组成部分。宁夏菜以牛、羊、面食为主，口味则偏咸、酸、辣。

2. 著名的地方特色菜肴和小吃

清蒸鸽子鱼　沙湖大鱼头　糖醋黄河鲤鱼　吴忠白水鸡　香酥鸡

烧鸡　手抓羊肉　清蒸羊羔肉　水盆羊肉　黄渠桥爆炒羊羔肉

烩羊杂碎　烩腰柱　羯羊脖炖黄芪　白水羊肉　正宗涮羊肉

酥炸羊排　烤羊头　老毛手抓　清蒸全羊席粹集　羊肉枸杞芽

回民筵席十大碗　甘草霜烧牛肉　扒驼掌　素菜豆腐　回族蒸艾叶

酿发菜　滚粉泡芋头　烩小吃　炒糊饽　粉汤水饺　羊肉揪面

羊肉臊子面　羊肉搓面　回族碾馔儿　燕麦揉揉　锅盔　盖碗茶

油香　米黄子　回族麦芽糖

三十一、新疆地方特色美食

1. 新疆地方特色美食介绍

新疆菜是一种比较典型的西域菜肴，它既具有清真菜特性，又具有中国西北菜系味重香浓的烹饪特点。新疆饮食的原料是比较丰富的，主要有蔬菜、瓜果、鱼、肉、蛋等，蔬菜在调味上与其他菜系一样，以酸辣为主。新疆菜以清真菜系为主，大多吃牛羊肉，多采用爆、烤、涮、烧、酱、扒、蒸的制作方法，在用肉、蛋方面有着独特的习惯和讲究。

2. 著名的地方特色菜肴和小吃

新疆葡萄雪鸡　乌鲁木齐雪莲鸡　两味葡萄鱼　沙湾大盘鸡

新疆大盘鸡　带泡生烧肉　烤全羊　羊羔肉　孜然羊肉　烤羊肉串

炒牙签肉　胡辣羊蹄　羊杂碎　炒羊肚　哈萨克族的熏肉及马肠

手抓羊肉　香酥羊腿　馕炒烤肉　炒烤肉　挂卤肉贝母煨牛肉

米肠子与面肺子　喀什馕坑肉　烤包子　薄皮包子　烤馕　油馓子

酸揪片　丁丁炒面　拌面　凉面　油塔子　抓饭　粉汤　酸奶子

酸奶疙瘩　阔尔达克　霍尔炖　纳仁　奶茶　凉皮子　曲曲儿　八宝酿

三十二、台湾地方特色美食

1. 台湾地方特色美食介绍

台湾菜是“台湾料理”的统称，其主要来源为福建菜，即闽南菜，口味清淡，菜品精致，主料以海鲜为主，融会了闽菜、粤菜及客家菜的烹调手法，先后经过荷兰、日本文化的影响，再结合台湾的物产及当地的食俗发展起来的一种菜肴。该菜的烹煮方式讲求鲜、醇、清淡，喜欢自然原味，调味不求繁杂，以清、淡、鲜、醇为烹调重点，尤其民间饮食，不论炖、炒、蒸或水煮都趋于清淡，且多以佐料调味，台湾人喜欢腌酱菜入菜增味。

2. 著名的地方特色菜肴和小吃

三芒海鲜　酒香草虾　玫瑰大虾　黄金玉蚌　蒸笼沙虾　绣球与翅

淡水鱼丸　塘虱鱼肚　小鱼花生　竹山小漏斗瓮缸鸡

台中泡菜酱汁鸡排　菠萝田鸡腿　冬菜鸭　三杯鸡　麻油鸡

盐酥炸鸡脚　洋烧排骨　虎咬猪　彰化肉圆　家乡豆腐

开洋炒丝瓜　掌上明珠　干贝芥菜　鼎边锉　高雄小港豆花

台南冰鸡爪冻　麻辣鸭血　风味牛奶锅　麻油猪肝汤

台南十豆仁汤　东阳土口鱼羹　原净牛肉汤　四神小肠汤

手工古早味肉包　鳝鱼意面　蚵子面线　面线糊　杜小月担仔面

胡椒饼　老莫春卷　台中粽飘香　阿里山竹筒饭　鲁肉饭

淡水阿给　青蛙下蛋　菜脯蛋

三十三、香港地方特色美食

1. 香港地方特色美食介绍

香港人以广东人为主，粤菜自然占了主导位置，早期的香港菜兼有广州菜、潮州菜和客家菜的特色。粤菜以用料新鲜、味道精细见称，对海鲜的烹调尤为擅长。香港厨师善融会各家之长，推陈出新，发扬光大。

潮州菜在香港的地位仅次于广州菜。其最大的特点是“浓淡适宜、丰俭随意”。潮州捕鱼业发达，潮州师傅对海产品的处理有自己的风格和特点，又特别重视酱料，不得其酱不食。潮菜对食品的卖相尤其看重，伴碟的蔬果雕刻最能体现出师傅的手艺。甜品的款式变化多而各具特色，中外闻名。

近年香港菜在吸取了西方和东南亚各国菜肴的基础上有了很大发展，无论在口味、调味、烹调技艺、厨艺手法以及菜肴的花式、品种、风格上都大大丰富，质量和档次都有很高的水准。

2. 著名的地方特色菜肴和小吃

红扒鱼翅　碗仔翅　红烧鸡丝翅　鸡炖鲍翅　阿一鲍鱼　碗仔翅
蒜泥蒸虾　清蒸大闸蟹　咖喱蟹　醋味蒸鱼　酱汁跳螺　汤煎酿带子
咖喱鱼蛋　赛螃海星　香港沙爹王　沙田乳鸽　深井烧鹅　八仙鸭子
脆皮鸡　侏罗纪鸡　葱油鸡扒捞丁　白云凤爪　香酥排骨　黑椒牛柳
撒尿牛丸　御笔猴头　酿豆腐　白雪黑珍珠　元朗盆菜　芒果班戟
滑溜肠粉　公仔面　鲜虾云吞　鲜虾烧卖　海胆蟹仔炒饭
香港钵仔糕　牛油多士　燕窝布甸　双皮奶　湾仔码头食品

三十四、澳门地方特色美食

1. 澳门地方特色美食介绍

澳门菜也称“澳门料理”。澳门原属葡萄牙的殖民地，殖民文化让澳门的料理在风格上也独树一帜。葡萄牙人爱航海冒险、积极扩展疆土，不仅在美洲的巴西，非洲的莫桑比克，亚洲的印度、马来西亚与澳门等地建立贸易与传教据点，也将葡萄牙的饮食习惯、各地的料理食材以及各式调味香料带到各殖民地，所以到了澳门之后，这些料理的元素与澳门当地的广东菜多样化的烹调特色融合，就成为世界上独一无二的葡式澳门菜。另一方面，澳门虽然被葡萄牙殖民者统治了400多年，但是葡萄牙对殖民地采取尊重管理方式，因此，许多原属于澳门的料理特色仍然完好地保留下来，时至今日，许多美味的广东料理仍然在澳门地道展现，许多著名传统老店现今仍相当受欢迎。

2. 著名的地方特色菜肴和小吃

鸡煲翅　澳门猪扒　鳕鱼　芝士烤青口　马介休球　葡国鸡
非洲辣鸡　绿柚鸭　红豆猪手　咖喱全牛腩　羊腩煲　鼎湖上素
芝士西兰花　青菜汤　咖喱牛腩河粉　猪扒包　葡国蛋挞　鲜果捞
炖奶　养生糖水　花生糖　凤凰蛋卷　老婆饼　鸡仔饼